老年的意義

我和那些老人共處的一年

HAPPINESS Is a Choice You Make

Lessons from a Year Among the Oldest Old

John Leland

約翰・利蘭——著　周沛郁——譯

謹以愛與感激將本書獻給媽媽，妳創造了天鵝。

老去是個奇妙的過程，你會終於成為你該變成的那個人。

——大衛．鮑伊（David Bowie）

目次

第1部

耆老登場——009

第2部

傳承的智慧——131

第 1 部

耆老登場

| 第 1 章 |

千載難逢的驚喜

「給我來杯琴酒！」

「你知道你老了以後想做什麼嗎？」約翰・索倫森（John Sorensen）回答了我一年問題之後，提出他自己的問題。我們正在他公寓的廚房裡。他的公寓位於曼哈頓上西區，他已經在那裡住了四十八年，六年前他的長期伴侶過世，從此獨居。他四周的壁畫是多年前他種下的樹木，枝條延伸到天花板。感恩節快到了，那是一年之中約翰最愛的日子，他會離開公寓，和朋友相聚。不過二〇一五這一年，他覺得他的狀況不大好，恐怕不能去聚會了。廚房看起來和我上次、上上次來訪時一模一樣，因為約翰小心地確保一切都不變——他的視力愈來愈差，擔心如果動了任何東西，自己會找不到。他準備用冰箱旁的小電視和錄放影機看《七對佳偶》（*Seven Brides for Seven Brothers*），這部片子總是能讓他開心。他看得滾瓜爛熟，所以不看螢幕也行。

我們當時正在聊生命中令他快樂的事物。約翰總是從黑暗面說起，所以需要一點鼓舞，不過除非他說他想死，否則負面的部分不會說太久。他一旦開始說，心情就會開朗起來。

「我最近在放強納斯．考夫曼（Jonas Kaufmann）唱的華格納歌劇《帕西法爾》（*Parsifal*）第二幕。」他邊說邊陷入回憶中。「那是我聽過最悅耳的男高音。他長得很浪漫，我第一次見到他是在華特死後，他正在唱歌，天啊，他唱得真好。」

當時約翰九十一歲。二〇一五年年初，我為了報紙的一個專欄〈人生八五才開始〉要追蹤六名高齡的紐約客，為期一年，於是開始拜訪六名陌生人，而約翰正是其中一人。他們意外地改變了我的生命，他們想必沒想過自己會扮演那樣的角色。

所有故事都一樣，是從尋找角色開始。我是透過居家照護機構或他們個人的網頁，在安養中心和護理之家和他們碰面。有些還在工作，有些足不出戶。我見過忠貞的共產主義者、麻將牌友、大屠殺倖存者、現職藝術家，和一位九十六歲的女同志金工匠，她還在籌辦茶舞會。他們全都曾失去一些東西——行動能力、視力、聽力、配偶、子女、同輩友人或記憶，但很少人失去一切。這樣的人，在美國是一個迅速增長的年齡層，現在人口眾多，因此有了一個特別的名稱：老老年人。

我也曾失去過。我將近三十年的婚姻破裂了，這一生首次獨居。我當時五十五歲，交了新女友，對自己在這世界的身分有些新疑問——關於年齡、愛、性和父親角色，以及工作與滿足的疑問。

我也是八十六歲母親的主要照顧者，父親過世後，母親從她位於紐澤西的牧場房舍，搬到下曼哈頓（Lower Manhattan）的一棟老人公寓。我這角色扮演得不怎麼理想。我盡可能每兩星期和母親吃一次晚餐，偶爾她晚上進急診室時，我會陪著她。我假裝沒注意到她要的可能更多（我告訴自己，最好尊重她的獨立性），而她也是。我們倆一同跌跌撞撞地走進人生的這個階段，而我們都沒做好充足的準備——她八十六歲，完全不曉得該怎麼找到意義，我也不知該怎麼幫忙。但我們已經身在其中。

我第一批訪問的人中，有位女士珍・戈德堡（Jean Goldberg），她一百零一歲，曾在繪畫用品公司繪兒樂（Crayola）擔任祕書，我們開始聊的時候，她喊道：「給我來杯琴酒！」接著說起虧待她的男人——那是七十年前的事了，但仍然和她人生中其他事一樣歷歷在目。這時的她住在護理之家，坐著輪椅，不過之前是在自己的公寓住到了一百歲，直到接連跌倒，覺得獨居不安全為止。美妙的第一次會面之後，她不舒服，希望延後我們的第二次訪談，改訂的日期來臨時，她已經不在了。不論她是怎麼活到一百零一歲，她發展出的那些策略都隨她而去了（我想大概是幽默感吧，還有即使必須付出代價仍然頑強地不肯屈服）。

這六人都有個故事可以說——有的是美國大蕭條時期的家庭生活，或在二次世界大戰時的性生活，或參與非裔美國人民權運動的經驗，或聽父母說他們不是「唸大學的料」。但我最有興趣的是他們現在的人生，從起床到就寢之間的情形。他們如何度過一天，對明天抱著怎樣的期待？他們怎麼處理藥物治療、子女和持續變化的身體呢？他們的身體正在重返童年的軌跡，身體功能在兒時曾經突飛猛進，現在卻直直落。是否超過了某個底線，人生就不再值得活下去？

正因為他們還活在其中，所以有資格成為專家。英國小說家潘妮洛普．賴芙麗（Penelope Lively）八十歲時說得好：「年紀大的好處不多，不過有個好處是說起年紀，你有一點權威，你現在身在其中，而且很清楚這裡是什麼狀況……我們的經驗對有史以來的大部分人類都是未知。我們是先驅。」*1我到他們家中、他們看醫生的路上、醫院裡、爵士俱樂部、酒吧和澤西海岸的海濱小屋去找他們。我見過他們的孩子、愛人、醫生、居服員、朋友，還有一位退休的地方檢查官，他很久以前曾經以猥褻罪起訴過其中一人，現在想道歉。後來這之中有一人突然失蹤，電話打不通，我透過布魯克林的醫院系統追蹤他，原來他兩隻腳趾部分截肢了。我在這些過程中傾聽、學習。

在這之中我逐漸注意到，意想不到的事情發生了。不論談話內容變得多麼黑暗（有些時候頗為病態），但每次拜訪都令我振奮，我別的工作從來沒遇過這種情況。我預期這一年會為他們帶來很大的改變，卻沒料到也改變了我自己。

這六人成為我的代理長輩。他們溫暖、壞脾氣、難搞、健忘、好笑、睿智、會跳針，有時候累得說不了話。他們因為我拜訪得不夠勤快而責備我，餵我吃巧克力，寄剪報給我看。我替他們的公寓換燈泡，聽以色列的事、同情點頭，把我和母親的關係告訴他們。他們時常令人欽佩。他們會記恨，會為了記得吃藥而發展出魯布・戈德堡式①那種過度繁複的系統——這有防呆功能，前提是沒弄掉白色的心臟藥丸，藥丸小到他們手指拿不起來，而且一掉到地上就看不見。

我和他們在一起，必須拋下自以為是的想法，承認我並不了解人生。這是令人謙卑的體驗，但也令人振奮。我用不著當專家或評論家來質疑他們告訴我的事。我只要讓他們引導我見識他們眼中的世界。有時我直覺抗拒某些觀念，但接受那些觀念時，我的收穫最大。我直覺認為自己知道九十歲是什麼情況，其實不然，而我一旦平息那些念頭，要學習就輕鬆多了。身為專家是很累人的。當學生（不再執著於自尊）就像是去這輩子去過最好的餐廳參加宴會。

每位長者就像所有傑出的文學角色一樣，都有所求——我也一樣，只是我一開始不明白。

①編註：魯布・戈德堡（Reuben Garrett Lucius Goldberg, 1883-1970），美國暢銷漫畫家，他畫了許多用極其複雜的方法從事簡單小事的漫畫。

*本書中，1、2、3阿拉伯數字為原書引用資料注，一律放在全書末；①、②、③等為編注，隨文出現在頁末。

***

我最後選定的這六個人有著不同的背景，來自不同的社會階層。我見到弗瑞德列克．瓊斯（Frederick Jones，簡稱弗瑞德）時，他八十七歲，是第二次世界大戰的老兵，也是退休的公務員，思想骯髒，心臟孱弱，因此前一年多半時間都待在醫院或康復中心。我們第一次見面時，他跟我說他在一家百貨公司釣到一個比他年輕三十歲的女人，但他不記得是哪家了。

弗瑞德是個花花公子，雖然裝備已經不行了，但他仍然活躍。公寓的老照片裡，他穿著俐落的西裝，留著粗獷的鬍子，不過我遇到他的時候，他正為了要穿著矯正鞋上教堂而尷尬，因此大多時候都待在一間凌亂的公寓四樓，對那三層樓梯幾乎莫可奈何。弗瑞德對於年老的意義有獨到的看法。他祈求上帝讓他活到一百一十歲，而且從不懷疑他的願望會不會實現。他說，他每天一早醒來就感激自己又見到一次日出。我問，他人生哪個階段最快樂，他毫不猶豫地說：「就是現在。」他最能逗我開心。

海倫．摩瑟斯（Helen Moses）九十歲，她不顧女兒大力反對，在布隆克斯（Bronx）

一間護理之家找到人生的第二個摯愛。我遇見他們的時候，那段感情已經談了六年。

「我愛霍伊。」海倫說著望向霍伊・季默（Howie Zeimer），他住在走廊底。

「我也愛她。」霍伊說。他坐在她床邊的輪椅上，握著她的手。「妳是我此生的唯一，我說真的。」

「我聽不見。」她說。「希望你說的是好話。」

約翰・索倫森相戀六十年的愛人華特・卡隆（Walter Caron）是書商，愛人過世之後，約翰就了無生趣。我們第一次見面時，約翰說：「你不會從我這裡得到多少智慧。很多事我都只知道皮毛。」我們聊歌劇和火島②（他一九六〇年買下那裡的海濱小屋，房價：一萬美元），也聊他因為無法做以前常做的事而感到挫折。他很慶幸能在華特衰老時照顧華特，但現在卻無法原諒自己的身體逐漸衰退。他覺得助行器或輪椅太難看，不肯用，所以從來不出門。他的關節因為痛風而腫脹，彷彿不成對的抽屜把手，而且像把手一樣鬆動。然而談話總是能讓他開心，即使聊他想死的事也一樣。他天天運動，對自己的身體堅持撐下去似乎有種病態的驕傲。他說：「親愛的，我比

②火島（Fire Island），位於紐約長島旁的一座小島，現在是紐約人夏天的度假勝地。

很多人好多了，這我很清楚。但我還是受夠了。我不是不快樂，但這一切結束時，我會很欣慰。」約翰說，死亡唯一的缺點是，「我無法活著享受我終於死去。」

王萍八十九歲，幸運掉入社會安全網的有效區——她每月花兩百美元住進格拉梅西公園（Gramercy Park）附近的一棟社會福利公寓，有一週七天、每天七小時的居服員，費用由醫療補助保險計畫（Medicaid）支付。王萍說，工作和照顧丈夫忙得她精疲力竭，比起來年紀大輕鬆多了。但她想念她的亡夫，和在中國遇害的兒子。她說：「我盡可能不想不好的事。老人家最好別抱怨。」

相較之下，露絲・威利格（Ruth Willig）很乾脆地承認她不滿意自己的人生，但之後她在報上讀到此類的性格描寫，又不高興了——她說她不是那樣。這一年來，我漸漸把露絲的抱怨，看成她試圖影響自己的人生，而不是被動地接受發生在身上的事。她原來住在布魯克林公園坡（Park Slope）的一家昂貴照護機構裡，但機構的所有人決定把那裡賣給人蓋更高價的公寓，因此我遇到她的不久之前，她剛被迫遷離。之前，她為了搬去那裡，放棄了她的車、她的隱私、自己安排時間的自由。過了五年，行動能力更差之後，她卻又失去了那個家，以及在那裡交到的朋友。她以九十一歲之齡，在布魯克林羊頭灣（Sheepshead Bay）更偏遠的一間照護中心重新開始，周遭都是陌生人，身處不熟悉的地方，就連最近的女兒也離她好遠。

一天早上，露絲說：「這裡有人叫我好勝的老小姐。她沒說『老小姐』，她是說『好勝小姐』。『老』是我自己加的。我不會輕言放棄。或許事情就是這樣。我真的很強硬。」

外面的街道覆蓋著三月雪，所以露絲這天又不能出去了。她說：「我告訴大家，我很有自知之明，我九十一歲了。我不怕。有些人有各種失能，比較起來，我還滿自豪的。我非常幸運。我努力維持健康。我常想我會怎麼死去。不過我只是讀書、看報紙，讓自己有事忙。我盡量讓自己開心，但沒那麼簡單。我希望我能更快樂。」

電影人兼作家喬納斯．梅卡斯（Jonas Mekas）九十二歲，擁有三個三十歲成人的精力和心急。他還在拍電影，剪輯紀錄片和剪貼簿，為他的非營利機構籌措經費、經營自己的網站。

一天，他寄來二〇〇五年寫的一首未發表的詩。

我辛苦一輩子只為了變年輕
不，你不能說服我老去
我會以二十七歲之齡歸西

他的朋友比我年輕。他說，他完全沒慢下腳步，反而愈來愈快，因為現在他可以專心進行自己的計畫了。

他們六位當了我一年的老師。他們當然正在步向尾聲，雖然我們都一樣，但他們夠靠近終點，所以不只會想到死亡這件事，還會想到死亡會如何發生。死亡不再抽象。他們是否能保有認知官能，他們最後的日子是否會沒完沒了？明天就可能跌一跤、髖部骨折、中風，且回想聊天對象的名字，腦子卻一片空白。每次電話沒人接，我就會擔心。十八個月之內，有兩人過世了。

＊＊＊

討論老年人時，人們往往把焦點放在老年的實際問題，例如身體和心智的退化，或是投入臨終醫療的數百萬元。不然就是挑出厲害的老太太，她們似乎完全無視歲月，以九十歲高齡暢飲馬丁尼、跑馬拉松。這種形象特別吸引嬰兒潮時期出生的人，像在承諾：你也能掌握「優雅老去」的奧祕。基本上只要延長中年就行了——加入俱樂部、當義工、運動、墜入愛河、學義大利文，而且別生病。再強調一次，別生病。祝你好運，希望你如願以償。

但和我合作的長者就像絕大多數的年長者一樣，不符合上述任何情節。他們和失落與失能共處，卻不因此受限，每天早上起床時都懷著渴望和需求，即使他們膝蓋會痛，或無法像以前一樣玩填字遊戲。老年並不是某天乘其不備偷襲他們的東西，也不是需要修正的問題。老年也是正常的人生階段，而他們在這階段仍然要決定自己想要怎麼活，也仍在持續了解自己和這世界。

不久之前，經歷這個階段的人還沒這麼多，健康良好的就更少了，但現在不同以往。如今活過八十五歲的人數，是有史以來最多的（美國有將近六百萬人，而一九六〇年只有不到一百萬人），且活到八十五歲之後，他們還會活更久。因此雖然你的孩子覺得自己是先鋒，但其實你父母才真的是開疆拓土的人。二〇一八年時年滿八十五歲的美國人出生時的預期壽命不到六十歲，這表示有許多計畫之外的時間，還有許多很了解長壽這回事的老人。

我們想到這些事，通常會覺得該擔心，而不覺得這是可以汲取的資源。無盡的寂寞與孤立、那麼多的皺紋。電影裡，美麗總是與年輕畫上等號，而多情的長者都是齷齪的老人。我們喜歡人們在任務結束時騎向落日。如果電影《末路狂花》的莎瑪和露易絲不是開車衝向懸崖，而是逐漸老去，在丹佛市中心開班授徒，有時帶著男伴，路上和她們的居服員拌嘴，該有多刺激？然而老人家無緣說這些故事。梅・薩藤（May Sarton）在她六十一歲出版的小說《今日留戀》（*As We Are Now*，暫譯）裡寫得好：「麻煩的是，你得等到進入老年，才會覺得老年有趣。那是個陌生的國度，說著年輕人、甚至中年人都不懂的語言。」[2]以年僅六十一歲的人來說，這番話頗有智慧。

想想我們是怎麼跟老人說話的——寶貝、親愛的、好女孩、年輕人。他們很可愛，不是嗎？強森先生，我們今天好嗎？芳齡九十二歲嗎？老天保佑你的心臟。聰明的老人會像青少年一樣用 Instagram 社交網站。從前，社會通常向最老的成員尋求智慧，兒童看著他們的祖父母老去、在家過世。現在的科技雖然讓更多人活到老年，卻貶低了他們對這世界的了解。老人家時常待在他們自己的世界裡，而闖進那世界的感覺不大愉快。在一個研究中，年逾六十歲的人說，他們會討論「重要事情」的人，只有不到四分之一在三十六歲以下，如果扣除親戚，這數字會掉到百分之六。[3] 康乃爾大學的老年學家卡爾・皮勒摩（Karl Pillemer）的一項分析發現，美國人比較會交上其他種族的朋友，卻比較不會交上年齡差距大於十歲的朋友。

皮勒摩說，當他不再把老人想成問題，反而開始把他們想成資產、智慧和經驗的寶庫之後，他的人生就改變了。我這本書的書名來自長者教我的前幾件事：即使我們的各種官能退化，我們仍然能大幅影響自己的生活品質。王萍說得好：「老的時候，必須讓自己快樂。否則會變得更老。」這六人都發掘了某種程度的快樂，而那快樂不是來自他們的外在環境，而是來自他們自身。沒人希望失去六十年的伴侶，或因為太疼痛而放棄行走，但我們多少可以選擇我們怎麼處理失落，以及那剩下的生命。我們可以把注意力放在失去的事物上頭，也可以放在目前擁有的人生。健康因素雖然令人驚駭，卻不能代表全局。

所以也許我們有選擇。選擇藍色藥丸，你就會悲嘆人生沒有鮮明的記憶或曾讓你與眾不同的工作；選擇紅色藥丸，你就會感激生命中仍有你所愛的人。去逛博物館時，你可以心想，我被困在輪椅上，周圍都是半聾的老人家；也可以心想，是馬蒂斯耶！

我和長者相處愈久，愈認真思考該怎麼現在就達到那個境界——該怎麼在種種選項中選擇快樂。我逐漸明白，答案完全在我的意料之外。答案就是，如果想要快樂，就要學著像老人一樣思考。

＊＊＊

關於變老的好消息，就是還有好消息。老人的幸福感比年輕人高，負面情緒比年輕人少。[4] 那種幸福感逐漸攀升到六十多歲，接著開始漸漸下滑，但是到了九十歲，仍然比二十歲高。其實我們把青春期和青年期理想化了，年長者比較知足，沒那麼焦躁或擔憂，沒那麼恐懼死亡，而且比青年容易看到事情好的那一面、接受壞的一面。沒人覺得美國作家亨利．米勒（Henry Miller）是積極樂觀的人，但他曾寫道：「我八十歲時，認為自己遠比二、三十歲時愉快多了。我一點也不想再當青少年。青春或許燦爛，卻也苦不堪言。」[5]年長者藉著經驗來克制期待，因此事情不如預期的時候，他們更有彈性。他們確實遇到負面事情時，也不會像年輕人那樣放不下。研究者稱之為「正面效應」（positivity effect）。令人不解的是，這些人的心智和身體都在退化，我們認為最美好的時光都將成為過去，但是比起有著大好前途的人，這些人為何比較喜歡自己的人生？他們不知道自己的人生將盡了嗎？

或者，他們知道哪些我們不知道的事？

這六位長者各自發展出自己的生存機制，但通常可以歸納成同一種策略：你的時間和精力愈來愈少，要拿來做你目前還能做、又能令你滿足的事，別白費心力為你以前能做但現在做不了的事哀嘆。老年學家稱之為「彌補性選擇最適化」（selective optimization with compensation）。年長者善加利用他們僅存的，以彌補他們失去的。（詹姆斯・布朗〔James Brown〕稱之為「她必須用她現有的能力滿足自己的需求」。）如果你的心力只剩從前的百分之三十，要用在你熱愛的事情上。或許年輕人的傲慢之處，就是覺得不能再做目前做的事情之後，就不值得活下去。

棋賽中，棋手有時會用「回溯分析」（retrograde analysis）這種技巧來強化他們中局的表現。他們不是從棋局初始往後推算，而是從殘局倒過來推想，思考該如何走到特定的佈局。如果白棋略占上風，棋手要走哪一步才會走到那裡，那之前又是哪一步？以此類推。每次開局時，兩名棋手在棋盤上都有許許多多的棋子，有各種可能的移動方式，因此很難看出怎麼走能達到期望的結果，但如果你從一個目標逆向推算，選擇就比較少、不會那麼沒頭緒。你可以忽略不能讓你走到目標位置的棋路，專注在可以的那些上。

我們來做個練習，想像一下七十五、八十或八十五歲時的的美好人生是什麼模樣。邁入八十五歲的美國男性，平均餘命是六年，女性則是七年。幾乎和青春期一樣長了。你希望那時候的人生是什麼樣子——有哪些樂趣、哪些收穫、哪些日常活動和人際互動。接著往回推算，看看怎麼讓你達到那一步——哪些棋子和位置很重要，哪些在過程中可以犧牲。

第一步是想像在那年紀的美好人生是什麼模樣。這可能不大容易。我們通常很少花時間和非常老的人相處，即使有，通常都在設法幫他們處理問題，而不是問他們，他們怎樣才會快樂或滿足。不過你可以從這裡開始思考：有一天你將變老，而且身體沒有因為勞動了一輩子而壞掉，那你希望那些老年歲月是什麼樣子？你的狀況可能比先人好，他們能活過七十歲就很幸運了；你的教育程度比較高，比較有錢，也比較健康。你可能希望家庭成員給你腦力刺激或情感支持，可能希望有個親愛的人生伴侶，或保有幸福婚姻的記憶，可能想浸淫在音樂或藝術中，或接觸年輕人，或即使身體在走下坡，仍然希望有生產力、有貢獻。當然會有些限制。八十五歲或更年長的人之中，百分之七十二的人至少有一項失能，百分之五十五有不只一項。[6] 所以你恐怕不會想在夏威夷威基基（Waikiki）海邊拍岸的浪花裡做愛，或是過著遠離塵囂的生活。你覺得，如果身體已經做不了從前能做的所有事，那美好的人生會是什麼模樣？

現在來想想，你要怎麼走到那一步。幸好該做的那些事大多也會讓我們在此生中更快樂、更充實。如果你希望在八十五歲時和朋友、家族成員保有緊密支持的關係，就該想想怎樣用一連串的做法達成目標，然後回溯到現在該怎麼做。棒極了，對吧？這是大宇宙在告訴你，要多花時間和你在乎的人相處。如果你想要一個有意義的人生，不覺得你最好現在就開始尋找人生意義嗎？光是加班、晚回家、推遲和親友相聚，你的目標恐怕無法實現。你或許會想要不一樣的工作、和兒子長談、搬到國內的另一個地方。或許答案是結束一段婚姻，你們不再幫助彼此成長了。是啊，我可沒說這會是個輕鬆的過程。

試著去想像八十五歲的美滿人生，有個好處，這表示不把老年看成一段已完結的故事後面的附錄，而是看成續篇。也表示用不同的觀點看待你的人生歷程——人生不是在你不同年紀跨越的一座座里程碑（找工作、搬進你的第一個家等等），而是一首長長的樂曲，其中的數個主題在幾十年間重複、發展。不把受教育、工作或戀愛排定在我們人生的特定時期，而是讓它們在整個人生中反覆以不同的變奏再現。它們會先累積成經驗，再形成回憶，最後，你將同時享受樂曲中的一切。

這六位長者實踐快樂的方式都不同，有些習以為常，有些則否。弗瑞德為他的每一天心懷感恩，雖然客觀來看，那些日子感覺頗為辛苦。露絲有孩子和延伸家庭，對他們來說，她成為凝聚他們的接著劑。喬納斯有工作，而他一向工作和生活不分。他從不度假，也不在辛苦一天之後下班。他尋求良伴、美食和美酒，而且不止於螢幕上，在自己的人生中也是如此。他說：「我不留任何空間讓憂鬱趁虛而入。比較吸引我的是中性的地帶，或正向的活動。我沒興趣拍攝令人沮喪的黑暗面向。我比較有興趣的是人們聚在一起，唱歌、跳舞，這些比較開心的面向。為什麼呢？因為這是我的天性。我想，可能因為我想都不想就覺得，這是人類比較需要的。」

王萍每天和她公寓的女性住戶打麻將，而海倫有霍伊。約翰即使想死，還是用大部分的時間重溫幸福人生的記憶。約翰近乎全盲，幾乎無法自己進食，但他會在腦中重回美好的時光，且回憶鮮明而詳細，他時常令我驚奇。有一天，他說：「那是個難得的日子，一切都光芒燦爛。我記得海面平靜，像鑽石一樣閃閃發光。那天將盡時，我哥哥來看我，我和他合照，那是他生前我最後一次見到他。」這六人都讓我看到如何不再抱著人生問題不放。不過首先他們得先教會我用心傾聽。

這個大師班的第七位老師是我的母親桃樂絲，她住在下曼哈頓的一間老人公寓，坐著電動輪椅來去。她最近說：「想知道變老是什麼情況嗎？告訴你，臭死了。」二〇〇四年我父親過世時，她發覺自己沒有半雙靴子，因為不論他們去哪，父親總是把她送到目的地的門口。為不可避免的事（比方說，來到八十六歲）做好準備，從來不是她的第一要務。她說：「我從來沒想過這事。別期待我會有什麼理想的答案。」

二〇一一年，她動了一場脊椎手術，差點送命，之後她只對人生表達過一個強烈的希望，就是想死。她還在怪我弟弟喬不讓她死。

當時我被派駐到伊拉克，喬住在北卡羅萊納州，所以真正在前線的是他。這次的手術是兩節脊椎的椎間融合術，我們一直想說服她別動手術，或請她延到我回紐約。她幾年前已經動過一次椎間融合術，術後躺了幾個月，紓解的效果有限。但她非常痛苦，所以還是決定開刀。

第二次開刀時，她年紀更大，體力更差，感染爆發之後，她的身體幾乎無力抵抗。醫生需要我們同意是否替她插餵食管，讓她撐過感染期。她留下放棄急救的指示，我和弟弟商量時，手機訊號很差，話只聽得到半句，用這種方式決定母親的死活，實在糟糕。她的放棄急救聲明書說，萬一她不大可能重拾有意義的人生，就不要救治。但插餵食管比較像是她的房間窗簾起火了，所以拉一條水管進來救火，在這之後，她會再次在整潔的公寓裡一如往常地過日子。她有她所愛的朋友與孫兒，會去愛樂樂團聽午後音樂會，有些人擁有的遠比她少，也能享有美好的生命，認為那樣的生命不值得活，似乎不知感恩。如果她想絕食而死，她可以自己辦到，用不著我們幫忙。最後，我們同意插管。

如果你的母親告訴你，她沒用處了，或責罵子女不讓她死，你會有什麼反應？多年來，我幾乎一直逃避這個問題，直到我遇見約翰．索倫森。對象如果是自己父母以外的人，總是比較簡單。我們剛開始見面時，約翰說他希望早點死去，我總是說我希望他活久一點，這世界少了他，會失色許多。但這一年來，約翰邀我從不同的角度去看他的生命。他評估他仍然樂在其中的事，拿那些事和活下去要費的精力做比較，好處愈來愈少、變得可有可無，同時，要活下去卻愈來愈辛苦。但那當然該由他來權衡利弊，而不是我。年中，我不再說我希望他不會死；到了冬天，我不再有這種想法。沒有人真的希望由他人來決定自己永生不死；如果一個人不想要永生，那希望他得到縮水版的永生並非仁慈之舉。

二〇一五年聖誕節前不久，我和長者共度的一年將盡的時候，我母親因為胸痛和血液中肌鈣蛋白這種酵素濃度太高（顯示她心臟病發）而再次入院。我弟弟從北卡羅萊納州北上，預定一、兩天後到達。放棄急救的畫面在我腦裡揮之不去。最初那幾天，我母親在慘白的螢光燈下靠坐在病床上，我好多年沒看到她那麼平靜了，而她告訴我，她死後希望誰來唸追悼辭。她說，我應該去看看那牧師的臉書頁面，內容寫的都是佈道和爵士樂。她身上接著嗶嗶叫的電子監控設備和管線，意識時有時無，老花眼鏡下的雙眼安詳。她沉思著最近一次肺炎發作，心想要是能讓肺炎溫和地帶走生命，該有多愉快。這下子她又回到生死關頭了，至少她是這麼想的。她總是說，希望離世的時候可以有許多護理師伺候她，不要太複雜或太痛苦。

所以我學到了什麼？透過約翰的眼睛來看我母親，看到的是當事人的生命對他們來說曾經寶貴，如今卻不再有價值。母親想要解脫，她活得夠久了。我不會逼她留下她不再喜歡的圍巾，所謂意識到生命的價值，不也包括了在生命不再有價值的時候承認其價值的凋零嗎？

我弟弟從北卡羅萊納州趕來的時候，她明顯已經會活下來了。用不上極端的處置，放棄急救書也沒派上用場。她面對死亡時流露出的安詳消失了，取而代之的是被醫院的例行公事弄得惱怒的情緒。我和弟弟交換心得時，感覺我們陪的不是同一個女人，我想我探訪的女人比較快樂。我曾和她一樣期望她死去嗎？大概沒有，至少不比我希望約翰死去的想法更強。但我那時已經開始接受死亡是老年的一個自然要素——是我們會去體驗的事，而不只是發生在我們身上的事。奮鬥不比放棄高尚，畢竟不論是放棄還是奮鬥，最終的結果都一樣。

我正在學習。我還有很長的路要走。酒有幫助。給我來杯琴酒吧！

＊＊＊

從小到大，我很少接觸老人。我三歲時，祖父母和外祖父母都過世了，雖然母親的阿姨桃樂西每年聖誕節都會來拜訪，但她健康惡化之後，就沒再來了，所以她在我心目中總是個有點易怒的退休護士，會用我們的直立式鋼琴彈奏活潑的〈巷子裡的貓〉（Alley Cat）。後來，我認識了妻子的祖父艾爾，他是退休貨車司機，愛抽雪茄，我對他的印象是，他以九十歲之齡在一場網球賽後跳過球網，摔斷了髖骨，然後跟一個女人從醫院私奔，一路跑到聖路易，最後車子拋錨，感情告吹。我確信其中有幾分真實性，至於其他的，我並不想知道。他活到一百多歲，過世時患有嚴重的失智症。人人都知道一個艾爾的故事，他的追悼會上，一個表親說，艾爾覺得猶太教男孩成年禮的原文「bar mitzvah」是指「酒吧開放」。追悼會上猶太教士講道的主題是「誰知道明天會有什麼發展？」在護理之家一個虛弱人瑞的追悼會上說這主題，似乎不大合宜，誰都知道他的明天會有什麼發展。我妻子在艾爾最後那幾年照顧他，她說希望自己罹患癌症，別活到老年。她考慮開始吸菸。

最近一次共進晚餐時，我母親惋嘆著她從沒想過有一天工作的歲月會畫下生產力的句點。她說：「我花了人生的四分之一當學生，去學習。然後花了一半的人生發揮產能。之後又花二十五年無所事事，一事無成，好吃懶作。我想我們社會應該找些事給這些人做。」

或許學習老年智慧的時機即將到來。這些智慧正等著我們去汲取。我們有六百萬位老師投入其中。約翰．索倫森說，他曾經向自己保證，等他老了他會每天刮鬍子、不會淌著口水，但到了九十一歲，他只偶爾刮鬍子，而他的口腔肌肉太鬆弛，無法阻止口水淌到下巴。年老的一課是，事情和你想的不一樣，而你從前以為失能會左右一個人的價值，但失能時常只是其中一件你必須忍受的事。只要不害怕變老，擁抱歲月形形色色的驚喜（不論失去得多慘烈），就是幫自己一個大忙。有個以俄亥俄州居民為對象的長期研究，發現對老去抱著正面觀感的人平均會多活七年半（評估的依據是他們是否同意「你年紀愈大，會愈沒用」之類的陳述），這因素的影響力比運動、不抽菸更強。

長者都知道網路上查不到的道理，也就是如何老去，這世界在活了好一陣子的人眼裡是什麼模樣，以及誰將不久人世。海倫・摩瑟斯常跟她女兒說：「我曾經是妳這個年紀，但妳從沒有在我的年紀過。」他們並不是這年頭大家形容的「高齡海嘯」（age tsunami），來勢洶洶，即將重創「我們」的海岸。他們就是我們，即使現在不是，早晚也會是。如果我們不肯向他們學習，我們會錯過重要的教訓，學不到身為人類的意義。老年是我們人生的最後階段，可能讓我們明白該如何度過目前的時光。

＊＊＊

我開始探訪六位長者的人生時，還不知道這些事。那時我主要是希望揭露老年的痛苦和艱辛。記者就愛問題。我思忖，老年不就是一堆問題嗎？

我只知道自己的人生被顛覆了，原以為堅不可摧的事卻證實只是曇花一現。我心想，至少我不老。

第2章

老年的矛盾

「現在你快樂嗎？」

起初我發現的完全符合預期。老年是種不斷的掠奪。王萍的膝蓋和肩膀罹患關節炎，痛到晚上睡不著。約翰很寂寞，幾乎無法舉手梳頭，不敢離開公寓。他手指有痛風，要自己進食都困難——有時他乾脆趴在桌上就著盤子吃。露絲失去她的家和朋友，不再出門散步。弗瑞德一晚在自家廚房跌倒，爬不起來，於是就地睡到早上。人人都有資格說個悲傷動人的故事。我只要繼續按我對老年的成見來行事。

我第一次去布隆克斯河谷區（Riverdale）的護理之家拜訪海倫時，她說：「我討厭這個地方。我從沒想過自己會住進護理之家，這表示沒人要你了。」

這六人都看著自己的肌肉逐漸消失，這種症狀稱為肌少症（sarcopenia），所有人從中年開始都會出現這種症狀，到了八十歲，大約會失去三分之一到二分之一的肌肉量。脖子和手臂上的皮膚會鬆垮生斑，好像從前瘀傷的痕跡未消。我遇到弗瑞德，和他在公寓門外握手時，幾乎最先注意到的是他大拇指根的大魚際肌沒隆起，而是平坦、甚至凹陷的。「看到了吧？」他說著掐掐拇指旁鬆弛的皮膚。「有一天，我要把一條二插頭的電線插到三孔插座，卻插不進去。我跟一個朋友說，嘩，他一下就插進去了，我努力插那個插頭插了好幾天。」喬納斯仍在旅行、拍片，然而就連他也按不下新型錄影機上的小按鈕，想寫字時手抖得厲害。六人之中，有五人需要拐杖或助行器才能走動，因此必須等著別人來探視他們。簡單的動腦（例如記住名字，或自己吃藥了沒）成為他們很難克服的挑戰。沒人與伴侶同住。

老年多艱辛？我第二次拜訪露絲的時候，她說起前一天例行就診的事。當時冬季即將結束，城裡覆蓋著新雪和冰。事隔一天，她的體力還沒恢復過來。

露絲叫的第一輛計程車沒來。她短小精幹，習慣事事自己來，不過搬到新機構之後，她比較常久坐，而且和我母親一樣，因為每餐供應點心而重了幾磅。第二輛計程車是輛休旅車，結果車子太高，她爬不上去。這是老年的兩難——該讓司機把她抱上車（她強調說：甭想），或是該放棄。她最後終於設法讓上半身仰躺到坐位上，再把自己的腿拖上車。例行就診會讓她緊張焦慮一整天。

「我有什麼可期待的事？」她問完，沉默下來思索。她沒有答案。「我發現我通常都覺得難過。我不再快樂了，所以很煩惱。」她還在為八個月前被迫離開從前的照護機構而生氣。「我想念那裡我喜歡的人。」

我問她，研究顯示老人比青年人快樂，她同不同意。她說：「我不算。我不算。」她累得無法繼續，所以早早結束訪談。

六人之中，沒人說明天會更美好。他們的心智和身體絕對會繼續衰退，對自己人生的掌控程度愈來愈低，朋友和至親會愈來愈少，他們自己則緩慢或迅速地步向死亡。不論他們有什麼健康問題（糖尿病、關節炎、記憶衰退、心臟病、視力或聽力退化）都只會愈來愈嚴重。傷口癒合緩慢，咳嗽沒完沒了。他們從沒在電視上看過自己的同類，路上或商店裡的陌生人對他們視而不見，不希望捲入老男人或老女人的人生。如果抱怨，子女可能把他們趕出去。

然而我繼續拜訪的過程中，不一樣的故事開始浮現。海倫說她和霍伊的感情給了她五十七年的婚姻不曾給過她的一些感動；她的婚姻雖然深情，但開始得太早，完全沒有過真正的熱戀期，她說：「和霍伊浪漫多了。你不會懂啦。」王萍說，她雖然這裡痛那裡痛，但現在的人生輕鬆多了，多了閒暇，少了壓力。她說：「我絕不會拿我現在的快樂和過去相比。就是不一樣。我年輕的時候，不喜歡去學校、讓老師檢查作業。然後是工作——那段日子很辛苦，我得六點起床，工作八小時。現在比較自由，我可以在我高興的時候做我想做的事。我從不去想我辦不到的事。我知道我的時間有限，所以只要好好享受就好，像是麻將——我會打到我死的那一天。」

弗瑞德的人生似乎不大能稱得上快樂。他獨自住在布魯克林王冠高地區（Crown Heights）的一棟無電梯公寓，他無法打掃家裡，三十七階樓梯爬了就痛，讓他與世隔絕。雖然不社交很難受，但我遇見他的時候，他時常一連幾天足不出戶。他乳癌末期的女兒不久人世，自己則因為心臟問題，已經住院了幾次。幾個兒子欠他錢，很少跟他說話。哥哥是他生命中最親近的人，一隻腿因糖尿病而截肢，而且住得太遠，弗瑞德無法去探望。然而那一年間我心情低落的時候，拜訪弗瑞德總是能驅走我的心魔。

一天，弗瑞德問我：「你覺得快樂是什麼？」那星期他聽說教堂的教區牧師過世了，他震驚地發現那位牧師比自己年輕很多。我們在他的客廳，周圍是一堆堆的舊帳單和沒分類的文件，那是他幾年前住院留下來的東西。他似乎沒注意到空氣又悶又臭。我說了些快樂是使命感和價值感之類的話。

弗瑞德笑容親切，只不過有時會把假牙留在餐廳。他說：「可是那不是快樂。對我來說，快樂是現在發生的事，不是死後的世界，不是你今晚要跳的舞。如果你對現在不滿，你就不快樂。有些人說，等我得到冬天新的毛外套，或是給自己買了輛新摩托車，我就會快樂了。但你不知道到時候會發生什麼事。現在你快樂嗎？拿我來說好了。我身體不好，但那樣已經很久了，所以沒那麼重要。有時如果我說我隔天要出去，隔天卻下了整天的雨，我就會打開電視。我可以看電視，吃點我不該吃的冰淇淋，做那類的事。是啊，沒錯。」

我從前認為的快樂，是我那年紀的看法，當時我還在這世界上爭取自己的立足之地，期盼未來；弗瑞德形容的則是老年人的角度——滿足於當下現有的，別寄望未來。我的定義是往前看，弗瑞德的定義則是找到當下的滿足，因為未來可能不會來臨。

弗瑞德的看法並非一直如此。他說，他年輕一點的時候，覺得快樂是他必須去追求的事物。那樣的觀點讓他在生命中犯下不少錯，主要是因為他對自己擁有的事物感到焦躁。他從未結婚，但是和四個女人生下六個孩子，只和一個女兒維持緊密的關係。弗瑞德很少承認他有任何遺憾，但一天下午，我們聊了好一陣子之後，他放下心防。他說：「我不斷拈花惹草，直到揮霍殆盡。我不夠聰明，以為自己可以健康、快樂、精力充沛，事事如意，至少這樣活個一百年。然後我栽了跟頭——身邊沒人照顧，這都是我自己的錯。我以前總覺得世上有更美好的事物等著我。」

弗瑞德大學時曾有意唸醫學院，他也夠了解人體，所以知道自己健康問題（糖尿病、低血壓、循環太差和一直治不好的腳趾感染）很嚴重，即使能改善，也無法改善多少。但他選擇別一直想自己的問題，也不和一直想那些問題的人在一起。他通常避開自己這年紀的人，尤其是上同個教堂的人，因為他們往往會聊自己和其他人的身體毛病。他說，他的毛病已經占去夠多的心力了，何必再浪費更多呢？弗瑞德說：「以前有首歌，現在應該還聽得到，叫作〈總有更光明的日子〉（There's a Brighter Day Somewhere），是這麼唱的：『在我找到之前，我不會罷休』。我覺得疾病也一樣。但願這段時間很短暫，等我出院，逐漸讓自己恢復健康——我對人生很樂觀。就像切薩皮克灣隧道橋（Chesapeake Bay Bridge-Tunnel），距離太長，不能只蓋一座橋，於是他們只好蓋了一座橋加一條下層隧道。所以一半在上面，一半在下面，最後通到東岸。有好日子，有壞日子，但整體來說是好日子。」

對弗瑞德而言，快樂不需要刻意為之，而是像某種平靜一樣降臨。他只要放輕鬆，讓快樂籠罩著他。人生滿足了他的需要，只要他夠聰明，懂得接納就好。

「我有個熟人，他收過一、兩張社會福利金支票，現在他已經不在了。」弗瑞德說。「而我收支票已經收了二十多年，還在這兒。感謝老天。我沒仔細探究原因，或覺得自己比其他任何人好，我只說感謝老天，希望祂會讓我活到一百一十歲。到時候，我會說，好吧，我要讓位給其他人，把我的遺體火化就好，別埋在土裡，占了哪個小孩玩耍的空間。我可以活到一百一十歲，所以我還有一點時間。」

喬納斯．梅卡斯也把快樂描述為活在當下的狀態。喬納斯經歷兩次大動盪，第一次是蘇聯入侵他的祖國立陶宛，然後是納粹抓到他，把他關進德國的一間勞改營。目睹了人類造成的苦難之後，他發現征服不會帶來快樂，要快樂就要和他人建立關係。

他說：「即使我看到或吃到喜歡的東西，我也不快樂——除非能和別人分享，否則我就不快樂。」他最近的劇情長片取材自他的人生，名叫《快樂男子人生中被剪掉的鏡頭》（*Out-Takes from the Life of a Happy Man*，暫譯）。

喬納斯住在布魯克林的一間閣樓，那裡從前是個製鞋工廠，他在那裡四處尋找自己一九七四年寫的一篇散文〈論快樂〉（On Happiness）。喬納斯很少讓自己有物質享受，但會囤積各式各樣的書籍、電影、海報和其他文物——他睡在廚房外的一張單人床，但曾經以每張一萬美元的價格，賣掉一些一九六五年安迪．沃荷（Andy Warhol）電影《我的騙徒》（*My Hustler*）的宣傳海報，以支付兒子的大學學費。一天，喬納斯說：「我靠著我沒丟掉的垃圾過活。」他有時無法立刻找到東西，但終究會找到。

這篇散文的形式是寫給作家珍．沃登寧（Jane Wodening）的一封書信，喬納斯在信中描述他年輕時的一些困苦情況，以及這些境遇如何影響他現在對快樂的看法。他寫道，他欣喜若狂地塞下弟弟的立陶宛馬鈴薯布丁，然後燙到舌頭，弄得像瘋子一樣滿身大汗，「問他什麼都點頭」。散文結尾是朋友之間分享著一盤葡萄。經歷種種奮鬥之後，他寫道，「這盤東西是我的天堂。我不要別的——不要鄉間小屋、不要車子、不要別墅、不要人壽保險、不要財富。我要的是這盤葡萄。讓我真正快樂的是這盤葡萄。可以吃著我的葡萄、好好享受，其他什麼也不想——那就是幸福，那樣我就會快樂。」

當然了，囤積是在現在重現過去的一種辦法。喬納斯總是在重新剪輯老電影的片段，發表老文章。我們太常在現在預演未來，間接地活在尚未來臨的喜悅之中。喬納斯覺得未來是假象，他會等未來成為現在，再認真以對。他說：「談論未來——我的腦袋不是這樣運作的。人人都會到達未來，但未來並不存在，那是我們創造出來的。我們對當下有責任，這是道德問題。人類或家族或不論什麼的未來，取決於你此時此刻做了什麼。如果你希望下一刻的一切會更好，這一刻就要做對。」

喬納斯說人們時常問他，他快不快樂，而他的回答千篇一律：他當然快樂。「我不認為快樂只是一直微笑或哈哈笑。快樂比較像內在的幸福，你覺得人生中一切都做對了，沒讓任何人不快樂。你內心平靜、和諧，不會為了下一分鐘或明天會發生什麼事而焦慮。隨他去，不擔心，過著和諧的日子。我在說我自己。」

社會科學家不確定為什麼年長者不會比較不快樂——當然許多年長者確實不快樂，任何年齡層都有這樣的人。嚴重的健康問題、疼痛和貧窮對老年人的影響特別大，就連一般的身體衰退也會耗損生命的喜悅。然而，和刻板印象不同的是，大部分的老人並不病弱。他們獨立生活，人數比他們之前的任何同類更眾多，而且更健康。八十五歲或以上的人，只有百分之十一住在護理之家或類似的機構，幾乎三分之二說他們可以照顧自己；年長者的貧窮比例遠低於一般大眾。只不過，最不健康的人受到最多的關注——如果想改善老人的幸福，可拿不到補助。

蒙妮卡・阿德特（Monika Ardelt）是佛羅里達大學社會學副教授，是少數研究老年智慧的學者，她說：「我們研究老年的問題，卻不研究老年的富足。人生將盡的時候，整本人生之書展現在你眼前。有時候比較年輕的世代不想傾聽。但即使在人生的最後一個階段，仍然會有收穫。年長者依舊可以貢獻良多，即使只是讓我們知道如何優雅地老去、死去。」

至於長者為何比較知足，心理學家蘿拉・L・卡斯騰森（Laura L. Carstensen）提出一個令人信服的解釋。卡斯騰森是史丹佛長壽中心（Stanford Center on Longevity）的首任主任，她將自己的假說取了個感覺不大牢靠的名字，「社會情緒選擇」（socioemotional selectivity）。她認為年長者知道他們未來的時間有限，因此會把心力放在讓他們當下快樂的事情上，而年輕人的未來漫長，因此會追求新經驗或知識，即使在將來可能沒好處。年輕人為自己沒有但未來可能需要的事物而苦惱；老人則在他們現有的事物中，揀選出他們最樂在其中的少數幾樣。年輕人親吻青蛙，希望青蛙會變成王子，老人則親吻他們的孫子女。卡斯騰森說：「到了八十五歲，很難再學無機化學。」或許老人真的把每天當人生的最後一天來活。

卡斯騰森六十出頭，一張圓臉，個性俏皮，看起來像是會被自己的笑話逗笑的人。她過去三十年都在研究年長者的情緒狀態，以及整個社會如何適應愈活愈長命的現象。她說，我們的文化幾乎還不曾處理過這種改變。她告訴我：「我們的研究發現一些神奇的人，他們做著了不起的事。不過老年這個人生階段，並沒有標準答案。」

卡斯騰森對老人的興趣始於一場差點要了她的命的車禍。二十一歲時，她的婚姻觸礁，她把嬰兒留在家，和朋友搭車去聽金槍魚合唱團的表演，結果喝醉的司機讓那輛福斯的小型巴士衝撞路堤而翻覆。卡斯騰森股骨斷裂，多處骨折，肺穿孔，並且因為腦部腫脹而暫時失明。醫生判斷她可能活不了。接下來三星期，她的意識斷斷續續，之後在整型外科病房待了四個月，腿吊在牽引器上，她周圍的三位老太太因為髖骨骨折而無法動彈。她看著醫護人員把老太太當作「需要修復的症狀」來對待，而不是當成能掌控自己生命的自主參與者。然而那些年長女性更完整地看待自己的生命——有起有落，而且有些與傷勢完全無關的渴望。醫療系統竟然強烈鼓勵她們放棄這種自我意識，臣服於被動的無助，卡斯騰森看了十分震驚。她寫道：「我第一次見識到老了是什麼情況。我們會被變成環境鼓勵我們成為的模樣。」[7]

她上了大學，然後是研究所，她深信應該有比她在整型外科病房看到的更好的方式。她寫道，一大障礙是「區隔老化的問題和老化本身。年輕而傷殘時，人們會期待你解決問題。年老而傷殘時，人們卻鼓勵你接受問題」。[8] 她思忖著，一些老年人的無助經驗，有多少是老化造成的，又有多少是這世界告訴他們該怎麼做的結果？如果我們不再把晚年想成變老，而是活得更長（是有幸生於特定年代而得到的恩賜），事情會有什麼不同？

一九九〇年代早期，她和史丹佛的研究團隊開始了一個為期十年的實驗，研究正面效應。他們選出一百八十四名十八到九十四歲的受試者，給他們電子呼叫器，在七天中每天呼叫他們五次，要他們立刻寫下他們當下十九種情緒的強烈程度，這十九種情緒有好有壞：快樂、喜悅、滿足、興奮、驕傲、成就感、有趣、好玩、生氣、悲傷、恐懼、厭惡、內疚、尷尬、羞恥、焦慮、惱怒、挫折和無聊。研究人員在五年、十年後對同一批受試者重複了這個實驗。

這實驗偶爾會有尷尬的時候。受試者詹．波斯特（Jan Post）事後告訴訪談人員，他在「夫妻辦事」時收到呼叫。[9]然而結果驚人。年長者的正面情緒一律和年輕受試者一樣多，不過負面情緒比較少。他們的混合情緒也比較多，表示他們即使挫折或焦慮，仍可能覺得自己快樂。即使他們有理由選擇其他感受時，他們也會有意無意選擇了快樂。

他們還從其他實驗得到了更多細節。[10]卡斯騰森和同事在一個實驗中，讓受試者看一系列的影像，之後要他們盡可能回想。年長者記得的正面影像幾乎是負面的兩倍；年輕人對正面和負面影像的記憶力一樣好。卡斯騰森這麼解釋：年長者容易記得他們當下喜歡的影像，年輕人則把所有資訊儲存起來，以待未來使用。另一個實驗是讓受試者看兩張臉，然後其中一張臉的位置會閃過一個圓點，受試者要在圓點出現的時候按下按鈕。快樂的臉變成圓點的時候，老人的反應速度比較快；年輕人不論是快樂或悲傷的臉，反應速度都一樣。所以說，老人不只比較記得愉快的資訊，而且一開始就比較仔細注意愉快的資訊。研究者利用功能性核磁共振造影（functional magnetic resonance imaging，縮寫 fMRI），發現年長者看著正面影像時，腦部情緒處理中心杏仁核被激發的情況比負面影像活躍；年輕人看到兩種影像時，腦部的反應相當。這方面，年長者大腦的反應和冥想者的腦部反應類似。而心理病態和有創傷後壓力疾患的人，杏仁核對負面刺激的反應彷彿在放煙火。

和我合作的所有長者，都在生活中應用這種選擇性記憶的能力。所有人雖然在人生最後一章裡掙扎，卻都會淡化早期經驗中的所有磨難。每次和約翰・索倫森碰面，他都說：「我的人生很美好。」他說他不曾因為自己的性傾向而遇過差別待遇，即使高中孩子因為他不打棒球而叫他「娘娘腔」，他也不覺得他們有偏見。他說：「從來沒有人因此取笑我。」約翰和華特在一起六十年，他只記得他們有過一次爭執。雖然他記得其他人在大蕭條時期有多苦，但是對他來說，星期三晚上的白飯餐是他一星期之中最愛的一餐。

我第二次探訪時，約翰說：「我永遠不會忘記，我有一次走進客廳，看到我父親手上停了一隻金絲雀，而我母親注視著他。我永遠不會忘記她臉上的微笑，好像少女墜入愛河，我從沒看過我母親露出那樣的笑容。那是一瞬間的事，他們一看到我，那瞬間就過去了，但那個美麗的記憶深深刻在我腦海中。」

現實世界的情境和卡斯騰森的實驗結果如出一轍：約翰記得正面的情緒經驗，卻不記得負面的。至於弗瑞德呢，儘管他經歷的磨難可能擊垮他，他仍然以現有的資源找出值得快樂的理由。他放下了會讓他更悲慘的難過記憶。

如果卡斯騰森說得對，這表示邁入老年時的記憶變化不只會有負面的影響，也會有正面的影響。最早出現的那些記憶空白（忘記某個老教師的名字，也忘記上個月才看過的電影結局），除了預告了會有其他記憶流失，也可能是這些流失的適應性補償（adaptive compensation）。我們出於需要，所以會記得、也會遺忘。這表示即使記憶流失，生活也能有品質，而我從沒思考過這種可能性。所以智慧的一個要素，就是學著如何將記憶喪失當作一件好事。

第3章
為什麼愈老愈有智慧

「年輕的時候，煩惱比較多。」

起初我會覺得長者是因為不想在媒體上發牢騷，所以才有所保留，他們的世代和我不同，不時興抱怨。然而一個月一個月過去，他們依然如此，我逐漸明白他們的選擇性記憶（美好時光的記憶栩栩如生，卻忘記不愉快的時光），對他們的日常生活有好處。即使他們無法控制發生在自己身體上的事，也能控制自己的過去，塑造過去而得到正面的結果。

「我回想我的一生，覺得我這輩子很快樂。」露絲把過去的快樂說得好像有得選擇。他們還記得的苦難讓他們得以對付現在。他們不是撐過了大蕭條，或配偶緩慢又受折磨的死亡嗎？

我和露絲談話時，露絲時常說起她照顧垂死母親、丈夫和一個姊姊的歲月；她說她姊姊是「我們之中最聰明的那個」，死於阿茲海默症造成的緩慢退化。這些記憶似乎不令她痛苦，而是讓她記得更愉快的時光。露絲的長女茱蒂經營一個機構，專門服務低收入的老人，她說她時常在她服務的人身上看到這種韌性。茱蒂說：「活到八十五或九十歲的人，都有驚人的力量。像我母親，她失去丈夫，也失去雙親，她知道怎麼處理失落。雖然不會減輕痛苦，但人類很有韌性，而年長者經歷過各式各樣的事，我們有很多可以跟他們學習的。年老未必愉快，但也未必可怕。金錢有幫助。有親人也有幫助。但我遇過一些人既沒錢也沒親人，老了卻過得不錯。」

嚴重的記憶喪失很可怕，我們會擔心也是情有可原，不過選擇性遺忘可能是某種正面的智慧。你四十五歲的時候，記得婚姻或事業上犯的所有錯誤有好處，可以讓你記取教訓；到了九十歲，遺忘最好（最聰明），因為記得那些事徒傷心。中年必須知道談生意時誰暗算了你；老年時忘了舊仇，沒什麼損失。選擇性記憶也有一種增強作用，讓富者更富——比起沉溺舊怨的祖母，說開心往事的祖母比較常有孫子女探視。

有一天，我在王萍的公寓裡問她，她這九十年有什麼遺憾。王萍的公寓雖然樸素，卻總是窗明几淨。她不再給自己買衣服，毛衣脖子邊的地方微微磨損了。她把照顧窗邊植物當成例行公事，她說：「這很重要。我喜歡花，對我的身體很好。」對於我問起的遺憾，她搖搖頭說：「遺憾沒道理。沒辦法回到從前。過去的就過去吧。」

王萍描述了她每天的例行公事。她喜歡睡到很晚，然後把居服員前一晚做好的早餐拿去加熱。居服員十點來洗碗。早上王萍會給花澆水，她以前早上會去上一堂運動課，但她現在寧可坐著不動。午餐後，她會小睡一下，下午三點會下樓打兩個小時的麻將，成員每次都一樣，除了她還有中國南部廣東省來的三個女人。她說，她贏牌的日子就是好日子。每天晚上，她會和女兒講電話、下到公寓的交誼廳去閱讀或聊天。她坐直了會背痛，所以晚上不看電視，有時睡前會躺著閱讀。幾年前，她女兒給了她一臺筆記型電腦，讓她和中國的親戚通電子郵件或用 Skype 聯絡，不過她沒地方放筆電，而且搬著筆電在公寓裡走來走去太吃力。她也試過平板電腦，但手抖得太厲害，不能用觸控式螢幕。

因此王萍只能接觸到一小圈人和少量的活動，最近公寓的一個好友過世，所以這個圈子更小了。不過這個圈子經過精挑細選，每個人對她都有某種意義，她不會把精力浪費在她不喜歡的人身上，或做自己不愛做的事。她不做自己不喜歡的工作，不用去有壞心學生的學校，她不擔心被炒魷魚或數學被當，她最擔心的是有沒有錢辦葬禮，而這問題已經解決了。為工作焦慮、婚姻緊張、財務煩惱、時間衝突、日常壓力——讓我夜不成眠，或讓我不開心的，就是這些事，但對王萍和其他長者來說，這些事其實不存在了。王萍說，她現在過得比較輕鬆，「年輕的時候，未來很遙遠，你不知道自己和這世界會變成怎樣，所以年輕的時候，擔心的事比老年人多。但我現在不擔心了。」

想像一下：不用再牽掛未來——也就是各種事很可能不會發生，唯獨一個例外，那就是死亡。即使只有片刻，不再牽掛未來的感覺就像第一次飛行，讓人覺得輕飄飄的、無拘無束。我們大多天天抱著未來而活，在這未來的重擔下辛勞。像老年人一樣思考，就像無牽無掛地旅行。

＊＊＊

一九八〇年代，瑞典社會學家拉斯．托斯坦（Lars Tornstam）驚訝地發現王萍這樣的人十分普遍。[11]他們雖然失去許多，老了卻心滿意足。托斯坦和我一樣，發現這樣的人隨處可見。他開始訪問他們，談起他們的人生時，他們描述了自己的價值觀如何隨著年歲漸長而改變。值得注意的是，他們對於如何運用時間、和誰一起共度時光，變得更挑剔了。他們不再有興趣在雞尾酒會與人閒聊或和陌生人調情，不再尋找新朋友或增加社交網路上的新聯絡人。此外，他們變得沒那麼自我中心，比較意識到自己是大我的一部分。他們不覺得寂寞，反而告訴托斯坦，他們珍惜有獨處的時間可以沉思。其他社會科學家爭先想出新主意，讓老人有事可忙，托斯坦卻自創「超越老化」（gerotranscendence）這個詞，以不同的方式看待老年——不是一段衰退的時期，而是一個高點，此時人們會超脫物質煩惱，專注在真正有價值的事物上。托斯坦推斷，老年之前的歲月都是在為這個階段做準備。

托斯坦以七十四到一百零四歲的人為對象，問他們五十歲之後的價值觀有什麼改變，將近四分之三的人同意這個陳述：「現在我對膚淺的社交比較沒興趣。」三分之二的人說：「現在我的內在世界比較多喜樂。」百分之八十一的人同意這樣的陳述：「現在物質的事物比較不重要。」他們變得比較無私，比較接受人生中有些他們永遠解不開的奧祕。這個結果很驚人——他們雖然沒有經歷一般所謂的成長（例如工作升遷或學習新技能），卻仍然以更深奧的方式在進步。托斯坦發現了一件驚人的事：年長者似乎同時活在過去與現在，模糊了記憶和當下經驗之間的界線。他們會回溯從前的對話，向他們曾經虧待但已經過世的人道歉，依然為從前的喜悅心懷感激。

當然了，托斯坦的受試者是瑞典人和丹麥人，他們享有的社會安全網以慷慨聞名，但他「超越老化」的概念在美國流行了起來。佛羅里達大學的蒙妮卡．阿德特帶我認識了這個概念。阿德特研究的是智慧與老化，她認為老年人的一些趨勢（例如接納混合情緒、節制負面感覺）造成某種隨著年歲一同進化的智慧。智慧無關天賦或全知——不是指發現相對論或解決中東危機——而是隨著經驗而增長的一種能力。莫札特有天賦，但你母親有智慧。至少我母親有。

為了評估是不是愈老愈有智慧，阿德特制訂了她所謂的三維智慧量表（three-dimensional wisdom scale，3D-WS），用三個座標軸來表達智慧：認知（cognitive，理解人生的能力）、反思（reflective，從不同觀點看待人生的能力）和情感（affective，情緒智慧）。一個人可能在某個維度比較強，但有智慧的人運用這三種維度的方式，會使各個維度彼此增益。阿德特用這個量表發現，一開始就有智慧的人，智慧確實會隨著年齡而增長，而且智慧愈高，幸福感愈強。研究護理之家或住院者得出的效應特別明顯，這些地方的幸福感比較低，那些智慧得分比較高的人，對自己的生活比較滿意，滿意程度和同年紀獨立生活的人相當。有智慧的人，決策能力比較好，懷著比較實際的期待，如果事情不如預期，他們不會那麼失望。老人不會因為他們花不到的財富或釣不到的對象而昏頭，也不會為了自己記不得的冒犯而懷恨在心。

阿德特說，以縮短的時間觀來看，不論年輕人或老人都能除去無關緊要的干擾。「自我中心的情況減輕了。原先耗費在膚淺事物的所有能量，現在用於精髓、真正寶貴的事物。一般來說，年長者接受他們沒有多少時間可活的事實，這他們沒意見，他們並不是怕死，他們怕的是死亡的過程，而有智慧的人比較能接受這過程。」

喬納斯．梅卡斯對於自己為什麼快樂有比較簡單的解釋。他說：「我覺得這樣很正常。」選擇快樂其實是最輕鬆的辦法，遠比他朋友自尋焦慮來得簡單──他們擔心尚未發生的事，為自己不需要的事物汲汲營營，過度沉迷藥物、酒精或性。喬納斯說，到頭來即使蘇聯和納粹對他做的事也成了好事，正因此他才來到紐約，在那裡創造了他的人生。

喬納斯有一天在他家說：「是啊，我想我有種洞察力。我比較清楚哪些事可以改變，哪些會維持原狀，或只能稍微改變。我有些朋友覺得，喔，這事輕輕鬆鬆就能改變。」

他不會為自己無法改變的事情懊惱，他會省下精力，追求有益於他和他人的事。選擇權在他手上。何必選擇讓他不開心的事？他說：「追根究柢要看你相信什麼。藝術與美雖然飄渺，但我選擇藝術與美，而不是我們今日周遭的醜惡和恐怖。看花、聽音樂對人有某些作用，有正面的影響，而身陷醜惡和恐怖之中，則有負面的影響。所以我覺得我有責任不要辜負這些詩人、科學家、聖人、歌手和過去幾世紀的吟遊詩人，他們的種種努力使得人類更美好。我必須用我渺小的方式，繼續他們的豐功偉業。」

在任何年紀要有智慧，首先恐怕必須接受你終將死去（而且是真的接受這個事實），並且在面對限制時知足一點，而不是感到困乏。現代醫學鼓勵我們把死亡視為一場考驗，我們或許通過或許失敗，而穿白袍的專家凌駕其上。然而長者給了我們更有智慧的觀點——我們所有人都難逃一死，所以不如趁還活著的時候，好好活這一遭。如果我們過世的場面比較像我們祖先（在家，有至親環繞，是他們關心的焦點），我們活著的時候，會更留心灌溉出那種愛嗎？

兩千年前，斯多噶學派（Stoic）哲學家賽內卡（Seneca）主張，我們應該「珍惜、鍾愛老年，因為只要知道如何運用，老年就能充滿喜悅……生命走下坡卻尚未劇烈衰退時，最是愉快。而我本人相信，那段時期像是站在屋頂邊緣，其實有種獨特的喜樂。否則就是我們對喜樂已經習已為常，因此渾然不覺。飽足煩厭，再無所求，是多麼令人欣慰的事！」[12]

卡斯騰森引用猶太教拉比約書亞・L・李普曼（Rabbi Joshua L. Liebman）的話，表達類似的概念：「我時常覺得，死亡並不是生命的敵人，而是朋友，因為歲月之所以那麼珍貴，正是因為我們知道歲月有限。」[13]老年讓年長者被迫接受這種概念，他們之中有些人比較願意接受，有些則否。然而我們應當不用等年老才採納這種觀點。我們只需要選擇這麼看事情就得了。有六個人願意教我用更快樂的方式看待人生——不只是他們的人生，也包括我的人生。這麼做我沒什麼損失，頂多就是損失我已經知道的故事罷了。

第4章
愛在服用降膽固醇藥物時

「做愛永遠不嫌老。」

海倫和霍伊的故事永遠有驚喜。他們相差二十一歲，性情迥異，卻宣布他們對彼此忠誠，彷彿這是他們晚年的最大成就。然而和他們倆一同交談時，彷彿同時進行兩場對話，一邊是海倫，另一邊是霍伊，而兩場對話毫無交集到超現實的程度。他們不會接完彼此的句子，而是等另一人講完話，然後劈哩啪啦說起毫不相關的事。有時候他們根本不等。

那個冬天，我和工作上認識的一個女人一起跨年，那是我一九八〇年以來第一次跟別人談感情。她來自肯塔基州，工作太過認真。遛狗場的工作人員鼓勵了老半天，我才邀她去聽歌劇，即使那時，我們倆也都不知道我們的頭次約會是個約會。或許我發問的措詞不大準確。我當時獨自住在自己無法負擔的一大間公寓，還沒離婚，正努力思考中年的愛該是什麼樣子。目前為止，看起來確實比較慢熱，但承載的期待也比較少。我們沒爭吵，對我來說這可新鮮。我們對彼此的要求也不高，所以得到的都是額外的驚喜。如果長者的故事可以當作參考，我還有三、四十歲可活；我努力思考自己對伴侶有什麼期許，或是我能給伴侶什麼。

一天，海倫在她房間朝霍伊燦爛地微笑，說：「這是不同的愛。」霍伊戴著海倫替他做的一只紅銅琺瑯墜飾，海倫則戴了霍伊替她做的一只胸針。她說：「第二次的感情比較好、比較親密。例如有時候霍伊不喜歡我看的節目，他就會去他隔壁的房間，節目結束之後，我打電話給他，說：『回家來吧』。他會說：『我這就回去』。」

雖然他們醒的時候幾乎都在一起，住的地方相距只有幾呎之遙，但電話卻在他們的關係中扮演了關鍵的角色。一個七月的晚上，他們在看電視，海倫睡著了，於是霍伊吻了她兩邊臉頰，然後先行告退。霍伊說：「我在門邊說：『親愛的，晚安，明早見。』然後我打電話給她說：『我愛妳愛得要命，我從沒這樣愛過任何人。』」

海倫請霍伊跟我說他大學畢業後的那場車禍，車禍改變了他的人生。「他昏迷了九週。」她說得好像在吹噓她男人的成就。將近五十年後，他建構字句的速度仍然很緩慢，一字字間都會停頓。他慢條斯理地描述一九六八年那天發生的事。他和一些朋友開車南下，去田納西州的傑克森市（Jackson）參加一場籃球賽，路上他們超了一輛貨車，結果直直撞上一輛北上的車。霍伊坐在駕駛旁邊，受到的衝擊最大。他說：「別問我我被拋到哪去了。給你猜猜，我是衝出擋風玻璃還是飛出車門？」醫院的醫生做了緊急氣管切開術，輸通他塌陷的氣管。霍伊沒說他腦傷是因為車禍的衝擊，還是缺氧。

霍伊說故事的時候，海倫同情地傾聽。然後她給了我一塊巧克力。她說：「我剛來這裡的時候瘦巴巴的。現在我一百四十磅左右。」

霍伊似乎沒注意她的話。他展示他的項鍊墜飾，圓形的墜飾中央刻了一個大衛之心。他說：「這是我生命中唯一的女人海倫做的。」

海倫說霍伊也可以吃顆巧克力。「我喜歡男人。」她說。「我不喜歡女人。」然後她轉頭跟我說：「希望你女友是好人。你有孩子嗎？明天再來吧。」

我們認識不過半個小時。對海倫來說，界線沒什麼意義（我不久就發現她女兒也是）。

霍伊沉默了一陣子，然後說：「我希望我們結婚了，可是沒有。」

海倫希望我了解霍伊的一些事。她說：「他話不多。有時候他可以坐在我身邊一小時，一言不發。我會說，霍伊，你還在嗎？沒關係。就這樣吧。」

她提示他：「告訴他你是大學生。我沒唸過大學。我媽不覺得我是唸大學的料。」

海倫令我驚奇不斷。我父親在二〇〇四年過世後，我母親好像從來沒興趣和其他男人約會，她老人公寓裡的朋友都是和她一樣的寡婦。我無法想像我母親會是別的樣子。但海倫使盡渾身解數吸引男人，尤其她身在這種女人遠遠比男人多的地方。她精心打扮、化妝、戴她女兒送的珠寶，她說她想打肉毒桿菌。

海倫說：「每天早上我都會抹口紅。我希望等著吃藥的人嫉妒得要死。我總是很稱頭。」

海倫的女兒柔伊五十九歲，她覺得海倫應該厚道一點。這是她們常見的話題：

「可是其他人也滿稱頭的，不是嗎？」

「不對，誰都不稱頭。」

為什麼有些人年紀大時失去了與人為伴的興致，有些人卻把那當成生活的重心？八十五歲之後，只有百分之二十七的美國人已婚，百分之四十獨居；和未婚伴侶同居的人不到百分之一。那年齡層的女人比男人多了一倍。露絲和王萍像我母親一樣，說她們自從丈夫死後，從來不怎麼思考感情的事。弗瑞德時常談起感情，甚至會巡視當地超市的收銀檯，看看哪個店員最漂亮，但他在他這個年紀並不想要實際感情中的施與受——這隻老虎已經不會發威了。喬納斯的婚姻在二〇〇四年破局，最後一次是在二〇〇七年交上新歡，他做了一整年的影像日記來紀念；他的靈感來自十四世紀的人文主義者佩脫拉克（Petrarch），他為他摯愛的蘿拉·德·諾維斯寫了一年的詩。不過喬納斯的感情已經告終，而他在「三百六十五天計畫」中剪輯的日記內容完全看不出那段感情的本質或結局。我曾想過替約翰·索倫森和我母親公寓裡的一個男人牽線（他失去了共度五十九年的伴侶），但他們倆的狀況都不適合進入新的一章。

海倫和霍伊算是跨出了其他人不會或不肯做的一步。事情看似簡單，但這一步其實重大又冒險——他們承擔對方的需求，而且心知那些需求只會有增無減，而他們滿足需求的能力只會日益衰退。伴侶中的一人會活得比較長，而且那一天不久就將到來。海倫擔心留下霍伊一人，但另一種可能性更難讓人接受。而談感情意味著適應彼此的習慣和癖性，意味著妥協。有時我覺得他們愛的是相愛的感覺，以及因此與眾不同的身分。他們是霍伊和海倫，是那一對，大家都知道。海倫五月宣布她想結婚的時候（她說：「也許夏天吧」），代表的是另一個層次的風險和承諾。

至少我是那麼想的。

她說：「我不會老到不能做哪件事。人不會老到不能做愛。」

表示她有興趣？「當然了。」他們已經做過了？「沒有。」

她想要嗎？

「應該吧。我們得等到他動完疝氣手術。你問了一個很私人的問題！跟我們說說你和你女友的事吧。」且當海倫的女兒柔伊摻一腳討論結婚的問題時，事情又更複雜了。

＊＊＊

海倫上幼稚園第一天認識了伯納德・摩瑟斯（Bernard Moses）。一九四六年，伯納德・摩瑟斯二戰退伍返鄉之後，海倫嫁給了他。當時海倫二十二歲。海倫說：「我從來沒機會交男朋友。我先生說：『妳會嫁給我』，然後我們一路經過小學、國中、高中，然後他去當兵，回家之後，我們就結婚了。」

他在男裝工廠當剪裁工，抽幸運牌香菸，她一手養大三個孩子。按她女兒的說法，她是「世上最好的母親，但廚藝糟糕」，而海倫先在牙醫診所上班，長子上大學之後，她去了GAP工作。二〇〇一年，海倫丈夫過世之後，她沒興趣和其他男人約會。她說：「我忙著享受，完全沒想那回事。我同期畢業的同學都不在了。都已經死了。」

另一次拜訪時，我問起約會的事，她說：「沒人約我。我心想，我不如死了算了。」

霍伊・季默大學時有女朋友，但車禍之後從來沒有認真約會過。他六十多歲時，情況變了，他遇到一個叫雪兒・湯普森的女人。他說：「我當時以為她是我的真命天女。」而且他以為她叫蒂娜。她年近三十，滿臉雀斑，有一雙間距很寬的褐色眼睛，鼻梁有個像拳擊手的腫起。

兩人在二〇〇八結婚。二〇一〇年，她坦認向霍伊和另一個男人竊取逾十萬美元時，對法院說：「我對約翰・葛蘭特先生和霍華德・季默先生很抱歉，造成他們那麼大的麻煩。」[14]霍伊記得法官的名字叫施洛莫・海格勒，霍伊說：「他對我非常好、非常體恤。」

海倫說：「你們在談些什麼啊？」

先來這間護理之家的人是海倫。她走去買牛奶的路上中風，有人在她家附近的一間醫院後面發現她失去知覺倒在那裡，手臂嚴重骨折。她當時八十四歲，習慣在上班前散步兩個小時，腳程快到女兒幾乎跟不上。海倫說：「我愛走路。尤其是我們以前住在洛克蘭郡（Rockland County）那裡，綠葉和樹木美極了，現在花全開了。我好想念那裡。」她喜歡她在GAP的同事。不過中風、手臂骨折之後，海倫突然生活無法自理了。

她女兒柔伊說：「我得求她用助行器。她不肯用。」海倫不想聽。她說：「我用拐杖走路。我不能用那種難看的助行器走路，像銀色那種。沒辦法。我看起來好像駝子。」

事後海倫想和她的小兒子住，但這兩人幾乎立刻就爆發了爭執。我遇見海倫的時候，兩人已經超過六年沒說話了。海倫說，如果她和霍伊結婚，她不會邀兒子來婚禮。她不認為該由她來修彌他們的關係。「每年母親節我都心想，今年他會打電話給我。但他沒打來。」

她在護理之家遇到了一個叫名保羅的男人，他在紅銅琺瑯工坊做了一個手鐲，送她示好。海倫說：「他附上一張紙條，『七點半我房間見』。我說，這是什麼鬼？」

然後呢？

「然後我去了。」她說。「我們以前會一起看電視。然後來了另一個女生，他比較喜歡她。但我讓他明白他錯了。」海倫似乎刻意用不同方式講述同樣的故事。另一天她提起保羅的時候，她說：「我很慶幸他找到他更喜歡的人。他現在病得很重。」

霍伊比海倫晚了四個月才來，他住進海倫附近的房間。海倫很迷人，而且健康正在改善中，有霍伊缺乏的生氣，他說他立刻受她吸引。但海倫不為所動。

海倫說：「我對他沒什麼感覺。」海倫往往把話說得很極端，不是恨、就是愛，有時候在同一次談話裡態度竟能大相逕庭。「我們坐在電視間，他問我能不能跟他牽手，我說，不行，我不要。我不認識你，你也不認識我，你竟敢要我做這種事。」

但霍伊鍥而不捨。「我喜歡她那種外向、美妙的個性。」

海倫說：「他就是不肯讓我清閒清閒。每次我轉頭，他就在我身邊。」

他們運氣不錯，住到護理之家的一側廂房，那裡的住戶格外親近、愛交際。鄰居時常拜訪彼此的房間，在那裡待一陣子的人會照顧新人。在希伯來之家（Hebrew Home）停留的時間平均只有兩年，期間大多明顯衰退，所以必須迅速建立友誼。海倫在那環境欣欣向榮。她女兒時常來訪，帶食物給大家。海倫和一位慷慨的女人住一間，她「以前把我當她孩子一樣照顧。她人真的很好。她過世的時候，我哭得好慘」。

海倫說：「我一開始就喜歡這裡。非常喜歡。之後我遇到了霍伊，更是喜歡極了」。

霍伊當時母親剛過世，又經歷了雪兒．湯普森的大災難，而海倫表面上脾氣差，其實活潑又迷人。霍伊說：「我心想，她可能會成為我此生的摯愛，結果成真了。我想要成為她可愛家庭的一分子，因為我其實無親無故。」

海倫那時注意到霍伊從不說其他住戶的壞話，而且需要有人照顧他。他雖然有個監護人探訪他，但沒有家人。此外，他喜歡紐約大都會棒球隊，她也喜歡。他討厭洋基隊，她也討厭。電視間裡，她讓他牽了她的手。

她說：「從那時開始，我們總是牽著手。我覺得他人非常好。」

初吻是不久之後的事。海倫說，她當時很期待。她希望他吻她。她說，那吻美好極了。霍伊說：「你知道我們那時在哪嗎？」他超級講究細節。「我們在走廊底的客廳。」

海倫說：「他們把我們趕出去。」她總愛說她惹惱了誰。「他們告訴我們，我們不該待在那裡。」

她說，初吻之後，之後的吻「變成一種習慣。變成我們的一部分。美妙極了」。

霍伊當時可以自己走路，但護理之家的人為了預防他跌倒，不久就讓他坐上輪椅。

他和海倫的感情繼續發展。

遇到他們之後我曾經納悶，海倫除了得到霍伊顯而易見的愛之外，從這段感情中得到了什麼。海倫的活動力比霍伊更強，聊天反應更快。霍伊太慢講完句子的時候，海倫好像心不在焉。然而他們的感情顯然滋養了彼此。海倫帶來五十七年婚姻中累積的智慧，包括她丈夫五度心臟繞道手術之後的十三年。我剛分居、開始新感情，因此納悶著她對愛的體認是否比我更深。她給我的建議很實際：「好好存錢，因為什麼都很貴。」

海倫也很清楚重要的是什麼。她失去的男人從幼稚園起就是她生活的重心，之後看著朋友們一個個在護理之家過世，但她仍然找到繼續前進的方法。我問她，她的人生為什麼值得活，她毫不遲疑地說：「我有霍伊。我知道夜晚屬於我們。而我很高興他晚上會來。我會注意時間。他們用不著敲門提醒他該走了。」海倫說他們在一起的六年間，從來沒起過爭執。「想知道為什麼嗎？」她說。「因為他什麼都依著我。對吧，霍伊？就是這樣。等我送你回家就知道了。」

海倫愈是受人注目，就愈有生氣，而且很清楚要怎樣得到關注。她時常提起她給護士惹了多大的麻煩。不過她從霍伊那裡得到的不同，霍伊是她可以奉獻的對象。自從海倫的孫子成年之後，還不曾有人像霍伊那樣需要她。有一天，海倫為柔伊和霍伊關係緊張而煩惱時，一時間竟顯得茫然。她很少有這種情緒。

海倫說：「那就告訴我們該怎麼做啊。我希望有人能給個建議。我和霍伊，我們的人生會怎樣？我這輩子從來沒有任何成就。我養大了一個女兒、兩個兒子，一個兒子不跟我說話，已經快七年了。這就是我的成就。有時候我會這樣。不曉得為什麼。」

不過和霍伊在一起，她還有用處。霍伊的功能愈差，她能替他做的事就愈多；霍伊愈需要她，她得到的就愈多。兩人不對等（他們不匹配的各方面、讓海倫子女不認可這段關係的那些事）讓海倫的人生有了方向和目標。她不是在為霍伊犧牲自己，她是在回歸那個讓她大半人生有意義的角色。海倫不像比較年輕的戀人那樣想改變自己的伴侶，她不期待霍伊有一天能給她更多。她沒有活在未來，沒有期望會發生更好的事。那不是重點。

海倫說：「我照顧他。因為他是獨生子，身邊沒有人，後來他母親和父親死了，除了我，他誰也沒有了。我設法滿足他所有的需要。應該是吧。我對他非常慈愛。」

許多研究中，研究者發現老年人如果覺得自己對他人有用，就會活得更久、更好，失能比較少，活動力更強，而且比較耐得住關節炎的疼痛。海倫不知道這個研究，她只知道洗衣服。一天她說：「我替他洗衣服。我把他的衣服拿去洗衣機那裡。別告訴我女兒，不然她會殺了我。我還不想被殺。我還有三年可活。」

海倫大半輩子都是靠這個角色得到認可。她喜歡清掃（不愛下廚，只愛清掃），跟隨著她母親的腳步，照顧她的三個子女。「我母親是非常棒的女人。不論我們帶誰回家，她總是有足夠的食物給他們當晚餐，『坐下來吃。』她說。她沒很喜歡我先生，但她容忍他。她是我最好的朋友。她好努力工作。我看著她漸漸老去。我愛她。」柔伊說海倫一模一樣——愛她的朋友，討厭她的歷任男友。柔伊說：「所有孩子的派對都會邀她去。」

那年我們談話的過程中，有幾次海倫提起母親時哭了，她母親死於一九六九年。海倫說：「我還會夢見她。」海倫的雙親都是在上個世紀初從俄國搬到紐約市北邊一個鳥不生蛋的地方，屋裡只有一臺冰箱和一個煤爐溫暖整個屋子。她父親在製衣廠工作，母親撫養海倫和她的三姊妹，四個都是一頭金髮的漂亮女孩。海倫說：「我們四姊妹像一個模子印出來的。」母親中風之後，海倫和姊妹照顧她。「我以前晚上常跟她睡，因為我好愛她。那是最辛苦的時候。而且我總是怕她死掉。」

海倫說：「我失去母親的時候，不知所措。我失去了一切。」

對海倫來說，老去的意義是先看著母親死去，然後失去自己的母親角色，現在是由女兒來照顧她了。一天，海倫在房間跌倒了，柔伊對海倫說：「媽，這麼說很抱歉，不過我感覺就像又有了個學齡的孩子。我正在經歷我替我女兒做過的事，還有妳替我做過的事。但這絕對是場截然不同的球賽。」

海倫那一摔，讓她明白角色改變了多少。當時是清晨六點，她正要去拿藥。她說，她起早了，「是因為我不想錯過任何事」。突然間她就在地上了，爬不起來。「我不停捶地板，可是沒人聽見。我屁股著地爬向門邊，打開門說：『拜託誰來救救我。』然後他們推來一輛輪椅，把我放上輪椅，送我去可以幫我的地方。我每天去復健，可是他們只給我一星期。柔伊跟他們談了談，於是他們又給我兩星期。」

海倫在母女關係中的新角色有些好處，但卻不是她長久以來用來衡量自己的那個定位。她還是母親嗎？現在她要向柔伊交代，就像她子女從前要向她交代。海倫說：

「她會管我。她會打電話來問：『妳今天有運動嗎？』有時我會騙她，我不喜歡騙人，但有時候不得不騙。我來這裡之前，她從來沒機會做那種事。她來的時候會說：『天哪，媽，妳的小腹好肥。』她可嚴了。」我告訴海倫，柔伊是因為愛她才說那些話，但海倫不領情。她說：「我總是說：『別愛我那麼多。我不會永遠都在。』但柔伊會說，『妳要去哪？』」

去見海倫的地鐵車程很長，回程路上，我時常思考自己的婚姻。我們在婚姻中的心力大多放在養育兒子，他長大之後沒有其他的事情填補，我們便失去重心。我們需要新的相處方式（新的角色和新的支持），但我們太疲憊或太僵化，沒找到辦法。我妻子隨口提議我們離婚時，我正站在廚房的水槽旁，恐怕連洗碗的動作都沒慢下來。我們就像坐在一輛車裡，車子已經跑了太長的路，汽油耗盡、破舊不堪。離開的決定很簡單。我只覺得疲倦不堪，卻不大失落，我發現，感到失落是多年之後的事。

英國文化評論家泰瑞．伊格頓（Terry Eagleton）寫道，人生的意義是學習如何建立讓彼此更豐足的關係，就像爵士樂團裡的樂手，他們創造出自己的旋律，替其他樂手奏出悅耳的開場。他寫道，愛「是替對方創造出他能發光發熱的空間，同時對方也為你這麼做。一方的實現，為另一方的實現打下基礎。我們如此體現我們的本質時，就能發揮最完美的自己」。[15]佛教認為愛是希望所愛之人幸福，而這或許是更有野心的說法。我和妻子分開之後，我曾把伊格頓的做法用在她身上，說自從我們不再設法幫助彼此成為我們最好的模樣，我們的婚姻就名存實亡了。她說，不，問題是我是個渾蛋。她通常說得很對。她也相信零和方程式，一方得利，另一方就有損失。回頭來看霍伊，他雖然有種種失能，卻為海倫做到這一點，而她也為他做了同樣的事。他們兩人在一起，能達成的比兩人分開來更多。

如果我和長者相處的那年也是個愛情故事，這就是我必須學習的一課：在一段感情中，有時受（讓對方替你做些事，而不是堅持自己做）也是一種施。友誼或企業關係也是同樣的道理，真正的慷慨包括允許其他人慷慨。霍伊的選擇不多，因為他真的需要海倫照顧他，但雙方（不只是她，他也一樣）都接受這種安排，還是有些值得學習之處。在這個地方，隨時有照服員替她做所有的事，但霍伊給了她空間，讓她替他做事。

到了某個階段，老年會迫使我們接受他人的幫助，這表示承認自己不再能掌控這個世界，自尊心使然，可能很難接受。然而幫助我們的人卻因此得到很寶貴的回報。對海倫和霍伊來說，他們因此免除了會毒害關係的斤斤計較——也就是不斷質疑你是不是付出太多，或得到回報太少。他們當然付出太多，但這正是他們希望的。

這一年之間，他們結婚的計畫提起又擱置，而柔伊總是扮演阻撓的角色。這三個人都需要彼此，而這是他們的三人舞。他們都知道護理之家是海倫與霍伊的最後一站。他們要的是在所剩無幾的時間裡，過上最理想的日子。他們已經活得比他們搬進護理之家時遇到的大多數人更久了。每次我離開時，雖然都覺得我會再去，但我其實無法確定。

一天，海倫說：「我從來沒想過老了是怎樣。不過這就是老了，九十歲老了。生命飛逝。我記得十三歲的事。那時我每天回家吃午餐。我走下山坡，說：『嘿，我已經十三歲了呢。』而我現在九十歲了。沒什麼大不了的。

「我五十歲那天，是我這輩子最糟的一天。」她說。「因為我在變老。不過現在沒那麼糟了。因為我遇到了霍伊。」她朝霍伊的方向送了一個飛吻。「而且不會有人管東管西。」

河谷區回來的地鐵沿著哈德遜河東岸往南走，午後的斜陽穿過車窗，如果時候真的晚了，潺潺的水面就會粼粼反射陽光。踏上回程時，我回想著前幾個小時的對話，而且現在拉長了距離。海倫年屆九十，住在護理之家，卻替自己創造了人生。我認識年紀只有她一半大的人，和他們比起來，她打造的生活更充實、更有目標。她有兩個最在乎的人，她對他們不可或缺。她和霍伊會結婚嗎？會做愛嗎？這些問題雖然有劇情張力，但在她生命中似乎沒那麼重要。她愛霍伊和柔伊，也被他們所愛，這表示她愛著她當下的生活、她此時此刻的軀殼。

快樂是什麼，這似乎是我聽過最好的定義。海倫找到了需要她的人，她滿足他的需求，並且接受他的愛作為回報。他們回應的不是彼此的完美，而是彼此的空缺。兩人都因為滿足對方的需要而茁壯——而他們需要的正是有能力讓對方茁壯。這辦法並不輕鬆，但至少我可以在我自己的感情中盡可能試試。快樂不是什麼深奧的東西，而是感念我們生命中已經存在的事物。有時那是護理之家裡的一個老女人，她有個坐輪椅的伴侶，而她同一個故事已經說了十九次。

怎樣才能快樂？你可以從這裡開始：接受他人的所有善意，盡可能回報。讓朋友替你買午餐，然後好好報答她。受他人幫助當然讓你受益，但回報恩惠讓你受益更多。別吝於幫助需要你的人，事後要感謝他們讓你伸出援手。別再執著於自立自強，反正那只是迷思。這些概念都得來不易，即使在寫作的此刻，感覺還是太牽強。不過我在海倫和霍伊身上一再看到這些概念在運作——據我所見，確實行得通。這不是一種天賦，而是智慧。

我回家的列車通常並不擁擠，那是護理之家和人潮洶湧的中央車站之間的一段緩衝區。列車搖搖晃晃，那個午後彷彿包裹在一個柔軟的蛹裡。一日將盡，未竟的事仍然未竟。如果我周圍沒人，我會打電話跟我女友問好，如果那天過得不錯，我會記得告訴她，我愛她。造訪海倫和霍伊，看著他們彼此扶持的奇妙方式之後，我那天幾乎都過得不錯。

第5章
另一方面……

「我還能怎麼說呢？我沒興趣。」

看著霍伊和海倫，讓人忍不住覺得他們實現了所有人在那年紀的願望：戀愛的第二次機會（或第三次，或第九次）、新的開始、共享日夜的伴侶。浪漫的愛情、性、同伴情誼和待洗衣物——不論我們在什麼年紀，這些事最能彰顯我們最真實的一面。資料顯示，少了這些，情況灰暗多了。獨居者的健康問題比較多，罹患憂鬱症的比例比較高，比較早死，而且社交孤立的機率會隨年紀上升。從前，活得比配偶久的老人可以依賴子女或其他親戚相伴，但這年頭，八十五歲或以上的五人之中，只有一人和家人同住。我爬上樓梯，往弗瑞德的獨居公寓去，或搭著長程地鐵去露絲那裡時，預期自己看到這種孤立的影響，老年學家還會把這種影響和吸菸的影響相比。

不過這些長者再一次出我意料。他們雖然抱怨生活中少了其他事物，但沒人說想要伴侶。

我問起弗瑞德，想不想找個伴，他說：「才不要。我只要輕鬆自在。」他幾天前剛過八十八歲生日，當時他吹噓有兩個女人爭著和他一起慶祝那個日子。最後兩人都沒來，弗瑞德的生日一個人過，但他看起來並不失望。弗瑞德說，他年紀愈來愈大，覺得獨來獨往很適合自己。他的時間都是自己的，用不著配合另一個人的習慣或品味。如果他想熬夜不睡，或整天穿著睡褲，身邊也不會有人不准。一九七九年和上一個同居女友分手之後，他發誓要等五年再找新女友，然後延長到十年。時光流逝，他發現自己喜歡一個人獨占公寓。

他說：「我從來不想定下來。我總是覺得還有更適合我的，總是說，等五十歲吧。但五十歲一下就到了，所以我說，過了六十歲，我就會結婚、定下來。然後六十歲、七十歲也一下就到了，我還是沒定下來。目前我偶爾跟一個女生約會，她有輛車。我不大能走了。我跟她說，聽著，妳能從我身上挖到的，只有我最愛的菜，中國菜。沒有性，連浪漫的吻也沒有。我在她臉頰上啾一下，差不多就這樣了。」

我心想，弗瑞德應該找個伴——有人可以一同用餐、分擔開銷，讓他有理由展現魅力。他是個馬屁精且愛受人奉承，時常提醒我，以前他的打扮可瀟灑了，「很懂品味」。雖然我造訪時，他總是興高采烈，但我納悶沒人來看他的漫長時光裡，他是什麼模樣。如果有個伴侶，他們可以一起上教堂，或是一起去散步，重新發現性的喜悅，不論這些事在他這年紀有什麼意義。有伴侶也會迫使他的生活比較有規律，或許他就能規律進食，有助於記得服藥——這些都能緩和他的糖尿病，而糖尿病正是他腳趾潰瘍感染的肇因。也許有了伴侶，他甚至能住進電梯大樓。

但弗瑞德完全不接受。「我哥哥生我的氣，說『你瘋了嗎？』」弗瑞德說。「『如果她是美女，你覺得她有家可歸，就去搭訕啊。』我還沒那麼做。但現在我不想了。如果她說：『親愛的，給我出去洗車。』如果我心情好，沒問題。如果我沒心情，很可能就不會去，那她很可能會不高興。」他說，何況「對我來說，她們大多年紀太大了」。

弗瑞德的狀況很複雜，因為他以為我認識「那些漂亮姑娘」，時常要我替他牽線。他說：「也許我可以說服某位小姐來和我一起住，偶爾讓我拍拍她的屁股。」他可以感覺到他公寓裡的雜亂快讓自己透不過氣來，尤其是後來他女兒病得厲害，無法經常來探望他。至於性呢，雖然一直是他人生大多時候的驅力，卻已經不再能左右他，而他也性致缺缺了——這是慢性糖尿病常見的副作用。「從前我以為自己永遠不會拒絕性愛。可是大概在我七十八歲生日之後，我有幾次機會，但我只玩玩胸部，差不多就那樣了。我就是不再喜歡性愛了。至少這下子我不用擔心會捲入任何麻煩。」我問他，他八十九歲了，有什麼期待的事。他說雖然還是有性，但並不是重點。

他說：「我盡量每天吃三餐，和小姐們聊天。拜訪她們，也可能是她們拜訪我，上教堂，夏天站在樓下的門口，看下班的女人經過。我只想好好活著，開開心心，希望我哥哥繼續過幸福的生活。以後我想多拜訪他一點。」在我和弗瑞德相處的時候，這些事都沒成真。

＊＊＊

大家對老年有個特別有害的迷思：認為老年人不再工作，也沒有性生活了，在美國，這幾乎是最貶低人的兩件事。然而這兩種說法都未必是真的。年長者之間的愛，是許多人覺得噁心的話題，尤其牽涉到性的時候——如果那老年人正巧是你父母（很可能就是），那就加倍噁心。皮膚鬆弛，骨骼脆弱，循環不良，記憶的空白愈來愈嚴重——「維多利亞的祕密」內衣廣告或青春浪漫電影裡歌頌的，恐怕不是這些事。我母親那一代的人很少看到自己父母老年再婚或約會，許多人到八、九十歲為止的戀愛經驗都很有限。他們早早結婚，之後共度餘生。芝加哥大學一個名為「國家社交生活、健康及老化計畫」（National Social Life, Health, and Aging Project）的研究發現，七十五到八十五歲的女性五人之中只有一人說自己人生中有超過兩名性伴侶，而男性則是兩人中有一人。[16] 如果現在新的戀情要在他們的年齡層中占有一席之地，他們必須在沒有角色模範、毫無頭緒的情況下自己摸索。

嬰兒潮的人從前造就了一波性革命，而社會學家期待他們帶來劇變，然而有些長者其實一直享有活躍的性生活。二〇一〇年，印第安納大學性健康促進中心（Center for Sexual Health Promotion）的研究人員提出，八十多歲的男人和女人之中，有百分之二十到三十的性生活仍然活躍。（特別是七十歲或以上的男人替人口交的情況多於接受口交，而女人這兩種情形都不多，很可能是因為女人活得比伴侶長。）[17]

不過隨著年紀增長，性可能導致新的麻煩。八十五歲之後，四分之一以上的人說他們有些認知困難。和失智症患者發生性行為，會引起是否為合意性交的問題；愈來愈多人的壽命增長，進入那個範圍，而我們才剛開始設法處理這問題。有失智症的人時常流落到護理之家，而許多護理之家拖拖拉拉，並未積極針對住戶想進行性行為的情況，替職員草擬正式的因應政策，更不用說和住戶與家屬溝通他們的方針了。所以性變得像死亡一樣——雖然會發生，但沒人談論，至少不會公開說。

海倫和霍伊住的機構「河谷區的希伯來之家」是其中的特例（其他許多方面也是）。一九九〇年代以來，希伯來之家的一個政策是促進住戶之間建立親密關係（包括阿茲海默症患者），並允許住戶觀看情色書籍或影片。護理人員會藉由住戶的一些行為改變（例如食欲低落），留意到他們在人際關係中不快樂（而且員工每月舉辦活動來追悼過世的成員，這在安養機構中更罕見了）。

最近，希伯來之家新增了一個約會服務，稱為銀髮之約（G-Date，grandparent

date），不過不大成功：最近的數據顯示，希伯來之家的八百七十名住戶中，只有大約四十人有對象。許多人曾長期照顧病榻上的伴侶，情感耗竭，不想再經歷一次。

露絲．威利格也很熟悉這種經驗。我開始拜訪她時，她的丈夫已經過世二十一年，這段期間她從沒約會過。我問她，她在老年必須放棄什麼事，她沉默一下，然後說：「最明顯的當然是性，不過我沒那麼介意。我以前很喜歡散步的，現在不行了。」她表明她比較懷念散步。

老年學家時常擔心像露絲這樣的人，他們獨居，而且選擇不參與團體活動，包括他們從前喜歡的活動。多娜．M．科拉多（Donna M. Corrado）是紐約市老人局（Department for the Aging）局長，她說：「社交孤立會要人命。不出門、不好好吃東西、不服藥的人活不長。」我探訪露絲的時候，她時常提到考慮要出去玩或去上運動課，最後總是打消念頭。對她來說，離開從前的公寓後，愉快的社交生活就一去不復返了。

然而也可能是人們隨著年歲漸長，就這麼對某些社會接觸喪失興趣，將自己的精力用在他們覺得比較有意義的人和關係上。露絲有時會擔心她的孩子或孫子女，但她從來沒提過她覺得寂寞。社會學家將這種情形視為某種規劃——年長者剩下的時間有限，他們會用會支持自己的人來填滿，不再掛念令他們疲備或需索無度的人。年長者不再建立新關係，而是更依賴他們現有的關係。與其尋找伴侶，不如維持強力的社會連結，而且也只有本質上正向的社會連結才有價值；處於糟糕的關係中，或是和惡親戚相處，對年長者和年輕人一樣不好。蘿拉・卡斯騰森寫得好：「爛關係造成的損害，可能大於好關係造成的益處。」18

露絲在布魯克林的布朗斯維爾社區（Brownsville）長大，那裡曾被稱為美國的耶路撒冷，有超過七十座猶太會堂，知名電影人梅爾・布魯克斯（Mel Brooks）、演藝雙棲的丹尼・凱伊（Danny Kaye）、政治學者諾曼・波德霍雷茨（Norman Podhoretz）和喜劇演員傑瑞・史提勒（Jerry Stiller）都曾住在那裡。她住的街道一片黃土，那街區有個女人養了一隻山羊。露絲和海倫一樣，兒時就認識她丈夫，從來沒必要和其他男孩約會。當時她十一歲，他是街坊的朋友，來自貧困的家庭，在大蕭條期間拒絕接受救濟。他們一直在一起，直到因為大戰而分離。露絲和海倫不同，她總是計畫要深造，打算有一番事業。她是四個孩子中的老么，是家裡的叛逆分子。

十六歲時，露絲的男同學都上戰場去了，她則進了布魯克林大學，學習細菌學（當時免學費）。戰爭期間，她和未來的丈夫通信，他回家之後，他們就結婚，搬到皇后區法洛克威（Far Rockaway）的海邊。他們乘著戰後嬰兒潮，生了兩個兒子、兩個女兒。

我在露絲九十一歲時遇到她，她因為一腿動脈栓塞而喪失了一些行動能力，不過心智上仍然充滿好奇，偶爾和丈夫死後她交的朋友聯絡，每天和子女聯絡。露絲說：「每天早上，我得寄電子郵件給我的四個孩子，要是沒寄，就會接到一通電話問：『媽，妳沒事吧？』我跟他們說，你們在擔心什麼？我在這樣的地方，絕對有人照應。」但現在如果她的網路不通，她已經知道要在孩子們開始驚慌之前打電話給女兒了。

露絲決心不要認命地步入老年。她剪短一頭白髮，離開公寓之前會把要穿的衣服熨過，但她衣著的實用性大於美觀。熨得整整齊齊的襯衫就像乾淨的家，這是她能控制的事，象徵著她拒絕放棄。她服用八種藥，包括因為偶爾暈眩而吃的抗憂鬱劑，不過整體來說她的健康狀況良好。她發現她可以請圖書館把借的書送到家，用不著親自去圖書館分館。每次我造訪她，她都在讀不同的東西——她沒去社交或是參加機構的戶外活動，而是做這些事。

一天，她問：「我想活到一百歲嗎？其實不怎麼想。不過可以活到九十歲很好。不曉得我會怎麼死。我們這個年紀、我這年紀的人啊，都說我們想死得乾脆點。我們會想到我們的孩子。我們不想……說句老話，不想成為他們的『負擔』。而且啊，誰也不想受那麼多罪。我會想：『會是癌症嗎？或者又是我的心臟？我會就突然死掉嗎？』我會想的是這種事。但我倒不會一直掛在心上。」

她說，她不去想變老的事，「因為想了就憂鬱」。

比起其他人，我最能和露絲聊我的母親。她和我母親都是受過高等教育的職業婦女，住在紐約市，但不大算紐約人，而且在都會中心之外的地方養兒育女。露絲來自古早的布魯克林區，現在那裡已經不復存在，而我母親來自賓州德裔區，在紐澤西養大她的三個兒子。她們倆都努力扮演賢妻良母，現在不知該怎麼找到讓自己覺得有用處的角色。她們倆在丈夫過世之後都不曾約會過。

露絲說，現在她懷念被需要的感覺。她的孩子都長大成人了，孫子女則不大需要她。有一天，她說：「到這個時候，繼續活下去有什麼意義？我是說對我。」我逐漸發覺，冬天白晝短暫，氣候不佳，她的心情總是比較差。這季節讓她體認到自己年紀不小了。她說，她現在唯一的責任是打電話給孩子說她還活著。「或許我懷念的是被需要。這麼想想，真的沒有任何人需要我了。我確實有人照顧。我知道他們很愛我，我能感覺到。但除了在我有能力時供給他們金錢，我沒有什麼……那大概是活太長的一個問題吧。」

然而她表明了她不想再和男人共度人生。她和她丈夫構築的人生以家庭和工作為核心，他們把四個孩子都送上大學。丈夫五十歲出頭罹患淋巴癌四期的時候，露絲照顧他度過艱苦的化療，還有一次他的皮膚偶然因為木瓦而起了水泡。但治療緩解了癌症，他又健健康康活了十年，那是他們不曾料想到的時光。一九九四年，丈夫罹患胰腺癌，這次病發對露絲也是一大打擊——他住進史隆・凱特琳紀念醫院（Sloan Kettering Memorial Hospital），而她在他的病房裡心臟病發。那年不到年底，他就去世了。

那之後，她說：「我就是沒想過再照顧任何人。從來沒想過。」

那一年中，我偶爾問起露絲她照顧生病親人的那些歲月（除了她丈夫，還有她的母親和罹患阿茲海默症的姊姊）。露絲對自己的犧牲不以為意，她說：「如果是出於愛，就不會真的在意。茱蒂是說：『媽，妳不記得了。』我想我就是會照顧人，不過我從來沒有怨言。」

對露絲而言，婚姻讓她得到數十年的陪伴和四名子女。她和丈夫一同長大、一同老去。她聽到她這年紀的女人找到新伴侶的故事，會覺得妥協太大了，好處相較之下微不足道。感情附帶著種種責任，要展開新的感情，就像冒險闖入未知之境，而她的人生已經有夠多不確定了。露絲丈夫死後不久，他們會堂的一個朋友失去了妻子。這兩對夫妻一直有來往，也有共同的興趣。他打電話來邀露絲共進午餐的時候，她聽得出他很寂寞，需要有人陪。然而她並不需要，她忙著重塑她的生命。她還在開車，會去住家附近的社區中心交朋友。她說：「我去和他吃午餐，但我辦不到。我真的非常不喜歡。之後我繼續見他，但他真的需要有人陪，最後我說：『聽著，不是你的關係。』真的不是，我只是對其他男人沒興趣。我從來沒有別的機會，而且我也不想要。我愛我的丈夫，我們有過一段美好的婚姻。我不覺得生命中需要有另一個男人。我還能怎麼說呢？我沒興趣。」

她又說：「話說回來，有些女人真的需要有人在身邊。」

***

露絲的故事並非特例。一同老去的伴侶通常說他們的婚姻愈陳愈香。他們更能容忍小小的歧異，不容易起爭執，事後比較快原諒對方。不過開始新的一段感情卻非常辛苦，尤其是在長期伴侶過世之後。年長者通常說，他們想要有社交圈——有人可以一起吃早餐，有人可以聊時事，諸如此類的。在生命中建立了這些網絡的人，老的時候過得比較好，不過晚點開始也行。一晚，我在母親的公寓裡問她，為什麼我父親死後她從來沒約會過。他過世將近十二年了，這十二年間，她失去了行走能力，不用助行器或輪椅幾乎走不了幾步路，不過頭腦仍然像以往一樣清楚。她曾經要我替她買大麻來紓解背痛，她覺得非法藥物一定比她服用的鴉片類強力止痛劑更有效，但大麻煙會刺激她的肺，所以那些大麻她一直沒抽，恐怕至今都沒動過（她藏著不讓看護發現）。我們聊著我們的父親和他最後的日子，她記得的和我不同。

我最後一次看到父親健康的模樣，是在二〇〇四年的秋天，在紐約東村（East Village）住家附近的一場讀書會。父親和母親從紐澤西開車來，在我朋友和同事之間顯得容光煥發（他有一次在開車去北卡羅萊納的路上睡著了，從此不再開長程車，不過仍然會開短程的）。他在家的晚上愈來愈焦慮，會夢遊，和我母親說話語無倫次。他心臟病發作過兩次，至少有過一次小中風，而且服用許多重疊的藥物，所以行為上的任何變化，都可能被認定為藥物的作用。我母親說：「我以為他只是怪裡怪氣。」但他在家裡遊盪的時候，母親覺得她獨自面對的責任超出了她的負荷。萬聖節前後，他在半夜倒下，而且無法解釋自己原來打算去哪裡。

我母親每次考慮和其他男人在一起，就會想起父親倒下之後的那六、七個星期。我父親從醫院搬到康復中心去，然後回家待幾天，又去了第二家醫院，這次出院的希望更渺茫了。他的腎臟、心臟和肺的狀況都每況愈下，並且會加速彼此的衰退。這叫連鎖醫源病（cascade iatrogenesis），意思是你的骨牌要倒了。送到他腦部的氧氣不夠，所以他時常心不在焉，重溫他在阿拉巴馬州的童年的對話——那和他在病房的消沉環境比起來愉快多了。一天，他告訴我這世界變得更美好了，他的三個兒子正是證明。他對人生的態度總是這樣，但他從來沒這麼切身地說過。我真想說這是他對我說的最後一番話，但我還記得在我試著替他更換氧氣罩的時候，他口齒清晰地對我說：「我早晚會死。」他的意思是：「為什麼你要讓我受這些罪？」

他的試煉還沒完。家人討論過後，我們讓醫生替他插管，把富含氧氣的空氣打進他的肺。這表示他不能說話或吃東西、喝水。這時的他無法動彈，眼睛直直盯著天花板，兩手被綁在身邊，以免他拔掉管子。我們個別用自己的方式和他道別。這情況沒維持多久，大概一、兩天吧，我們就請醫生拔管了。但我母親一直沒放下最後那段日子的記憶，以及同意插管帶來的內疚。

我一問起約會，她就提起這件事。她說：「我不想再做一次那種事。你不知道你父親死時是什麼情況。他不成人形，而且受盡折磨。其實，他最後一次住院，進醫院前他告訴我他想死。我很後悔我讓他們繼續為他急救。但接著你們這些孩子插進來，說：『我們不想讓爸錯失任何機會。』而我沒力氣反駁。」她說，那次經歷之後，「我完全無法再和另一個人走那麼一遭。看得好心痛」。

我父母都來自緊密的社群，大部分的人通常都留在故鄉，但他們在紐約的格林威治村（Greenwich Village）相遇，那裡人人都來自不同的異地。他們是一九三〇年代的孩子，養育他們的父母是一九一〇年代的孩子。他們發奮自立，辛勤工作，節儉低調度日。「發揮你的潛力」，每次聊久了，我父親總會這麼說。我母親是獨生女，是她賓州家族裡第一個上大學的人。我父親離開阿拉巴馬上戰場，之後再也沒回去。他們倆都比較擅長斬斷關係，而不是建立關係。他們把這個特質傳給了子女。我不記得我看過他們擁抱或親吻。

我母親對我說：「我一直覺得我的思想很獨立。我想，是任性吧。還有莽撞。在婚姻中，我總是覺得我從來沒有全心投入，雖然當時我有孩子，沒多少自由可以做什麼事。我總是覺得我喜歡獨立，有工作的時候比較快樂。」我問母親她覺得她的婚姻幸不幸福，她說：「我從來沒想過這回事。任何婚姻總有些時候讓人想調頭離開。但我們一起經歷了太多，一起走了太多年。結婚很久的人，總有時候想離開。不過最重要的是，婚姻是你立下的誓言，不能打破。至少不能輕易打破。」

露絲專注於她婚姻中的美好時光，覺得任何新感情都無法比擬，我母親著眼在我父親最後那段日子的悲哀，以及她不想重蹈的經驗。不過她們殊途同歸。

一天，我母親居然談起有個男人一直對她有興趣。那是她住進老人公寓頭兩年的事，大概已經是十年前了，且她刻意說其實沒什麼。他叫法蘭克，是愛爾蘭人，進老人公寓時瘦骨如柴，衣服鬆垮垮的。她說：「他來的時候看起來糟糕極了，我想別人都不會想要他。」只要新來的男人外表不錯，老人公寓的一些女人通常會聚過去，但她說，法蘭克沒引起那樣的注意。

「他體重掉很多，我猜他之前病得很重。所以我開始跟他一起吃早餐，我發現他十分有趣。他是經濟學家，而我在學生時代唸過經濟。他準備開個部落格，要讓我看看是怎麼進行。我沒愛上他。他只是個可以聊天的人，更何況我總是和那些女人在一起，這樣才有機會喘口氣。只是一時興起，不是認真的。我沒愛上他。」

結果法蘭克在老人公寓沒待多久。吃了幾個星期的早餐之後，有一天他就不在了——這在她待的那種老人公寓是稀鬆平常的事，出於隱私權政策，或許加上擔心讓其他住戶難過，因此員工會避談住戶突然缺席的情況。她透過非正式的小道消息，才知道法蘭克過世了。即使法蘭克有家人，她也從來沒聽過他們的事。

「那是我唯一一次的冒險之舉。」她說。「但我真的只想跟他交朋友。」

＊＊＊

已婚人士比較長命，是我們這一輩的常識。這邏輯很吸引人，長命或許是因為可以幫助對方按時看病，遵循低鈉飲食，如果一方倒下，有另一方可以叫救護車。兩人在一起，經濟狀況比較不會太差。陪伴也有益於心情，尤其是社交網絡開始萎縮的時候。但心理學家霍華德・S・傅利曼（Howard S. Friedman）和萊絲麗・R・瑪汀（Leslie R. Martin）更深入探究關於婚姻和壽命的數據時，發現事情沒這麼簡單。[19]真相是，已婚的男人比較長命。他們發現單身的女人活得和已婚女人一樣長，可以投入的休閒時間常常比較多。傅利曼和瑪汀的一項調查在八十年間追蹤了一千五百名加州人，發現「寡婦通常活得很好——比婚姻中的婦女活得更久」。她們建立社會網絡，養育子女，做丈夫生病時她們擱置的各種事。但另一方面，鰥夫通常很快就走了。

我總覺得，我父親死後，母親的人生沒有縮限，反而拓展了。據我所知那是第一次她有經常來往的朋友，除了自己，不需要照顧任何人。她開始學西班牙文，加入陶藝班，和女性朋友一起去聽音樂會，她們除了想要有她為伴之外，對她一無所求。我想，她雖然寂寞，但不會光只寂寞。她在經濟學家法蘭克身上體驗到浪漫中的浪漫——不是生命中有個男人，而是有男人的可能性，但她本身又沒有任何義務。她沒愛上他，但這不重要。她最不需要的就是另一個要她照顧的人。

露絲、海倫、王萍和約翰都經歷過類似的情況，照料他們伴侶步向死亡，這種世代儀式主要是女人的共通經驗。約翰的朋友特別擔心華特走後，約翰該怎麼活下去——他的視力逐漸退化，該怎麼維持活躍的社交活動、付帳單、服藥、在城市中來去。在愛滋危機中，許多男同志在伴侶走向可怕的死亡時照料他們，但年長男同志在共度數十年之後成為鰥夫（通常沒子女，原因很明顯），可是新鮮事。

然而約翰和露絲與我母親一樣，在華特死後也對其他男人沒興趣。他仍然時時刻刻想著性，有點迷戀英國明星休．葛蘭，但他說，性現在只存在於腦中了。「心有餘而力不足。我一直有性衝動，但完全無能為力。已經不管用了。我想我會做春夢吧。我確實很愛那樣。」他說，他的身體結構返老還童了。

約翰．索倫森與華特．卡隆初識，是在一九五〇年夏天的一場派對，當時華特從波士頓來紐約玩。約翰那晚看上另外兩個男人，結果那兩人對彼此有興趣。約翰說：「不走運。所以我想，就試試華特吧。」華特有美國演員喬許．布洛林（Josh Brolin）那種黑髮的迷人外貌；約翰個子比較高，髮色較淡，對自己的室內裝潢生涯野心勃勃。雖然華特比約翰大了幾歲，但戀愛經驗非常有限。朋友警告華特，他要挑戰約翰太早了。他們一同回到約翰在華盛頓廣場的公寓，幾乎預期只共度一晚。

約翰說：「我完全沒料到會談一段長久的感情，我沒想到兩個男人之間會發生這種事，結果卻發生了。我跟他在一起三個星期之後，還不覺得會長久。然後他離開一陣子，我的一個老相好上門來，我拒絕了他。『等等，發生什麼事，我居然拒絕了一個相好？』直到一、兩個月後，我才向自己承認我愛上他了。那是我做過最好的決定。」接下來的那個聖誕夜，他們開始同居（兩天後就是約翰二十九歲的生日），之後就一直在一起，直到二〇〇九年華特過世。

我自己的婚姻剛結束，所以我問了所有長者，感情長久的祕訣是什麼。他們的答案聽起來一概太簡單了。約翰說：「如果你們要在一起，最好有一大堆共通點。你必須學會接受你有時不會贊同對方。我們大多時候看法一致。不過別把那看成問題。

如果你不贊同某件事，不贊同就是了。我成長的家庭裡，父親打骨子裡就是民主黨，而我母親基本上是共和黨。」

共度六十年，卻只有這點可效法，感覺太少了。大家都知道應該設法好好相處。不過那一年裡，我逐漸明白了約翰那番話中的智慧。我回想以前我努力糾正妻子，她卻不斷犯同樣的錯，令我惱火。她不游泳，又不愛曬太陽，為什麼想去鱈魚角（Cape Cod）度假呢？還有，她只因為工作令她抓狂，就不想做愛的時候呢？年復一年，甚至月復一月，我們都為同樣的事情爭吵，無法接受對方的看法和我們的一樣重要。我們期待對方改變，而且事與願違就生氣。

所以約翰的洞見並非乍看之下那麼簡單。接受你不以為然的事，一點也不容易。舉例來說，約翰很堅持一個家該是什麼模樣，或某個男高音應該怎麼唱一段詠歎調。這些判斷和他這個人密不可分。不過遇到了華特，約翰願意被他的意見影響，或者即使不受影響，仍然能接納他的意見，只因那是華特的意見。我知道有些成功的人認為，他們願意傾聽不同看法之後再拒絕，就算是開明了。但約翰說的是，傾聽之後即使沒被說服，仍然接受，這才是智慧。

我和約翰相處的時光中，他從來不會提起華特就難過，即使談的是華特的死也一樣。約翰的短期記憶時常有問題，但很容易想起關於華特的記憶，而且十分鮮活。我不確定約翰記得多少——他往往不斷重複少數幾段回憶，有時一字不差。那一年年初我訪談的文字檔幾乎和年末時的一模一樣。過去緊抓著約翰不放，宛如深情的擁抱。

一天，約翰說：「哀悼？我現在還在哀悼。我好想念他。有時我翻過身，他不在，我就會醒來。偶爾感覺他好像就在這裡。有一次我電視看著看著，開始跟他聊起節目的事，接著才想到他不在了。也有時候，我忘記他不在了。他是很棒的傢伙。」對約翰來說，華特永遠在他身邊，只不過這種長在正是因為他不在了。華特活著的時候，約翰不需要在腦海中喚出他，所以他死後約翰可能還想他想得比較頻繁。華特活著的時候是個老人——當然也曾是中年人、年輕人。死後，他既是老人，也是中年人、年輕人，約翰的記憶有多清晰，他就多麼栩栩如生。他是約翰能控制的故事，哪裡的情節不符，約翰都能改寫。現實中的伴侶通常無趣又乏味，但記憶中的伴侶完全不是那回事。

約翰失去伴侶的情況和我母親或露絲不同，對他來說，失去華特彷彿還是昨天的事。他一直沒設法重建自己的人生。他從來不想這麼做，要是重建人生，他和華特就會距離更遙遠。於是他讓華特的記憶融入他們的公寓中，那麼一來，華特就不會真正離開了。難坐的扶手椅上的絲緞已經磨損綻線，卻有約翰和華特一起坐在那裡的記憶。沙發現在變了形，凹凹凸凸，卻帶有華特在一間慈善商店發現這張沙發，去附近公用電話打給約翰的記憶，華特知道約翰會把沙發變得很美。如果華特在那些記憶中仍然年輕英俊，那麼約翰也一樣。只要約翰不搬家，他就能繼續保有那裡曾有的人生。

約翰在他九十年的歲月中學到了如何安慰自己。他說：「他們給我一種憂鬱症的藥。但我心情總是很好。我偶爾會自憐自艾，也會發脾氣。但只要能聽音樂，我就還算滿足。沒辦法事事如意，至少沒什麼好挑剔的。」他記得最近聽收音機，聽到柴可夫斯基的第五號交響曲，這曲子他耳熟能詳，但二十年沒聽到了。他閉上眼睛回憶時，額頭的皺紋似乎鬆開，紓解了那日的挫折。他說：「我一勁兒微笑。我已經忘了那首曲子，卻記得一清二楚。再次聽到實在太好了。有時候，音樂真的能讓我振作起來。」一段時間之後，我熟悉了約翰談話的例行步驟。回憶華特，他就會想起音樂，而音樂會勾起各式各樣的回憶。就這樣，華特仍是約翰生活的重心，仍然有作用。約翰的目光不論落在哪裡，華特就會開啟一個視覺感官的世界。一天，約翰在他客廳裡花了很長的時間談他們共同的社交生活之後，描述了在大都會歌劇院的一個週一夜晚，那時紐約上流社會的女人會穿戴她們最好的華服首飾，而男人打著白領帶，身穿燕尾服。約翰特別欣賞一位女士處理自己年老力衰的方式。約翰說：「有位名叫喬治．華盛頓．卡瓦諾的女士，她戴了頂后冠，手鐲戴到這麼高。燈光暗下來的前一刻，她會和兩個男人一同到達，他們扶著她。她有支拐杖。她會把拐杖交給他們，然後站挺身子，在燈光暗下的當兒走過走道。她年紀大了，幾乎走不了了。」

我才想到，約翰還在替華特走那段路——拒絕輪椅或助行器，就像卡瓦諾女士不再讓保鏢攙扶，她計算她入場的時機，讓自己成為燈光暗去之前人們看到的最後一景。約翰在九十一歲之年，很清楚知道自己無法獨立走多少步了，而他要風風光光地走完那些路，以榮耀他和華特的感情。在約翰的記憶中，華特總是顯露出最好的一面，所以約翰自己也得是最好的模樣。雖然愛無法讓約翰擁有他最想要的，卻讓他能與他失去的人保有連結。

這一年談話中，約翰時常談自己的死亡，但卻從沒說他期待和華特重逢。約翰雖然生長於虔誠的基督教家庭，小時候待過唱詩班，但他不相信來世。「我對來世完全沒期盼。」他說。「其實，我希望沒有來世。我無法想像任何事永無止境。我想念華特，希望來生可以與他相遇，但我知道不可能。其實想起來還滿安慰的，一切都有結束的一天，我不覺得這有什麼不對。」讓華特進入來世，等於會再失去他一次。

長者的宗教信仰形形色色，但沒人說過要和至親重逢。他們照顧伴侶的時候，已經就近目睹了死亡，死亡對他們不再神祕。海倫不只一次說：「死了就是死了。」就連弗瑞德也一樣，他雖然說天堂是他的歸處，但他並不急著去，他比較喜歡這世界的生活。「我祖母以前會說：『沒關係，因為有一天我會上天堂，那裡地上鋪著黃金，有牛奶和蜜可喝。』」弗瑞德說。「我不想反駁她，但我心想，人們應該設法在此生有所收穫。後來我聽到『遙不可及』這個詞。她就是在做那種事——她該說的是在人世間的美好人生，但卻在說遙不可及的事。」

每位長者都一樣，他們從愛得到的最後一個收穫，是一窺死亡的真相——死亡離他們多近，多麼不可動搖。他們體悟到發生在配偶身上的事，也會發生在自己身上。這樣預先看到自己的未來，會破除所有他們對自己的幻覺——例如以為自己某一天會突然變成更好的人，更富有、快樂、好看、苗條、更受人喜愛。相反的，他們可以看向鏡子裡，看到自己真正的模樣，而未來只會每況愈下。

或許，覺得得不到的伴侶是最理想的伴侶，是年輕人的自由。覺得最理想的伴侶是你尚未遇見的陌生人，或是你目前伴侶的改良版，這是把未來看得比現在和過去更重要。在未來看起來很遙遠、充滿可能性的時候，這樣做很自然，但你很清楚未來離你不遠的時候，就不是這麼回事了。而且那樣也會貶低、讓你看不到你真正的伴侶。對於露絲、約翰和我母親來說，比起未知，他們寧可選擇自己從前現實伴侶帶來的滿足，即使伴侶有各種缺點。需要你塑造未來的時候，活在過去可能是逃避，但在老年，活在過去很安全。東西愈換愈好、渴望新事物與進步的動力，或許能促進人類進步，但也造成種種不滿和焦慮。而年長者已經平息了這種損害。

他們也知道如何回歸愛的精髓——愛並非在於計算我們得到多少回報，而是在於毫不吝惜地付出。無條件地去愛，我們才會成為更好的人——我們的伴侶不完美，但我們可以擁抱他們完美的地方，接納他們永遠不會改變，藉由愛他們而讓自己變得更完美。當然了，他們都寧可自己的伴侶還活著，不過他們雖然失去所愛，卻在自己內心找到了一種資源。海倫在她和霍伊的感情中，也有同樣的發現。快樂並非來自外在、要等待快樂降臨，而是源於內在，他們已然擁有。關鍵不是在霍伊、華特、露絲的丈夫或我父親身上。我逐漸明白，我婚姻是否幸福的關鍵從來不是我妻子能給我什麼，因此不會因為我認為她有哪些缺陷而減少；幸福一直掌握在我自己手裡，關乎我能給她什麼。

我和長者相處一年才明白這一點，然而一旦明白，我的所有關係都裨益良多——不只我和伴侶的關係，和朋友、同事與其他親戚的關係也一樣。只要我能體認，滿足永遠俯拾即是。或許你也一樣。年長者會叫你好好把握，別再為了追求理想而焦慮。長者對時間不再抱著幻想，包括自以為有時間的幻想。他們忙著像沒有明天一樣去愛，因為任何人都可能明天就死去。

第6章

長命百歲，活受罪？

「日常生活非常辛苦。」

從美國人口普查看來，我們的晚年並不樂觀。八十五歲起，三人之中有一人說自己有聽力問題；百分之三十一的人生活無法自理；半數不良於行，無法獨居；百分之二十八說自己有認知困難。吃藜麥那麼多年，這或許不是你想像中的回報。心臟病、癌症、糖尿病、關節炎、阿茲海默症和其他失智症——在七十歲時都大幅增加，而且年年攀升。我們或許能活得更長，但美國作曲家蓋希文的歌劇《乞丐與蕩婦》（*Porgy and Bess*）裡的角色「遊戲人間」（Sporting Life）堪稱老年學權威，他指出，「人生還有什麼樂趣，如果沒有女孩願意臣服於」認為威而剛廣告是優質娛樂的人。劍齒虎或黑死病反倒有好處：讓人比較沒機會罹患前列腺癌。百日咳萬歲！

一九七七年，約翰．霍普金斯大學的心理學家兼流行病學家厄內斯特．M．古倫伯格（Earnest M. Gruenberg）稱這些害慘人的疾病增加的情況為「失敗的成功」（failure of success）——醫療系統愈是讓人活到老年，人們愈容易罹患慢性疾病，因此喪失生活品質。古倫伯格認為，我們應該把醫療照護視為和病原體一樣，是一種流行病學的力量，雖然降低死亡率，卻會提高罹病和失能的機率。古倫伯格認為，這系統的首要任務被扭曲了，忙著延長生命，而不是增進健康。因此研究經費投入排除急性死因（通常很快見效），而不是延後或防止讓家庭陷入痛苦循環、沒完沒了的慢性病。古倫伯格認為，這有違「不可傷人」的誓言。如果癌症患者通常死於……例如肺炎好了，而我們發明了治療肺炎的方法，那我們至今對癌症做的事，不過是讓患者在更漫長的歲月中慢慢死於癌症。他們原本只會在臨死的病床上躺個幾天，我們卻讓他們躺上數月、數年，而且視之為成功。

他寫道：「這種致命的思維沒能增進人們的健康，反倒加重病痛和失能。我們既然體認到過去四十年的救命科技超越了我們袪病養生的科技，淨效應讓人們健康惡化，就應該開始探究慢性病的起因，加以預防。這些慢性病拖尾難醫，正是我們造成的。」[20]古倫伯格說，沒錯，醫藥確保讓我們活得更久，但多活的歲月卻加在壽命的盡頭之外，那時我們已病得太重、太虛弱，無法享受人生。

古倫伯格多少是在回應人口學的一個變化。我從沒見過我的祖父母或外祖父母；我的兒子見過他的三個祖父輩，而客觀來說，我兒子的孩子有機會見到至少一個曾祖父母輩的人（眨眨眼）。美國人口分布圖曾經看起來像個金字塔——基部有許多新生的孩子，大約從六十五歲以後開始收尖——現在卻愈來愈像長方形，底部的嬰兒數量減少，更多年長者活到八十歲，甚至更老。這個長方形頂部的傢伙確實讓醫療照護和社會安全制度承受不小的壓力。然而，年長者數量前所未有地多，也有些好處。其中有些是經濟上的好處——所有健康、受過教育、閱歷豐富的老年人，對經濟的貢獻是他們從前同類所不能及的。而我們之中有些人自己也將老去，所以他們貢獻的智慧（不只是過去的智慧，更是未來的智慧）也同樣重要。如果長者在我們眼中只是聯邦政府財政收支中的負擔，我們就是在糟蹋自己未曾衡量的資源。

古倫伯格認為活得更長不是好事，他悲觀的觀點受到腫瘤學家兼生物倫理學家伊澤克爾・艾曼紐（Ezekiel Emanuel）推崇。艾曼紐是歐巴馬政府《平價醫療法案》（Affordable Care Act）的設計者之一，寫過一篇廣為傳布的文章〈我為何想在七十五歲死去〉（Why I Hope to Die at 75），刊載在《大西洋雜誌》（*The Atlantic*）。[21] 艾曼紐當時五十七歲，身強體壯，他在文中指出，活到老年「讓我們許多人即使沒失能，也日益衰弱、退化，那樣的狀況雖然未必生不如死，但終究是一種匱乏的狀態，剝奪了我們的創造力和我們為工作、社會、世界奉獻的能力……別人記憶中的我們不再有活力、忙碌，而是虛弱、無能，甚至可悲。」一些調查顯示老人對自己的人生比較滿足，但艾曼紐駁斥那些調查，說那些調查沒考慮到住在護理之家或有失智症的人，那些人絕對沒那麼快樂。

那篇文章的標題有點誤導人，因為艾曼紐並不想在七十五歲死去，他只是不想在那之後靠著醫療延長壽命。所以別再做癌症篩檢，別再用抗生素，別再做心臟瓣膜更換或心血管繞道手術了。不要打流感疫苗、做血液透析、階梯有氧，或是吃羽衣甘藍沙拉。如果他錯失了晚年的一些獎勵，例如看他的孫子女長大、和同伴玩撲克牌、藉由指導下一代得到滿足，也就算了，這些不是人生的豐富恩賜。晚年讓人失去所有值得活下去的理由，這些只是象徵性的補償。

這篇論文激起激烈的抗議，尤其是七、八十歲的人，他們可不喜歡有人說他們該揮別這個世界了。然而，美國對長命百歲有種幻想，艾曼紐稱之為「美式永生」，而這篇文章難能可貴之處，在於指出這種幻想時常讓我們虛擲現有的歲月。如果我們知道人生即將在七十五歲之後不久落幕（或是我們知道當幕開始落下時，不會有人設法阻止），我們會更想把那之前的歲月利用到極致。艾曼紐以他腫瘤科執業的經驗為例，說他的病人到了某個階段，都會把癌症描述成他們遇過最好的事，因為癌症使他們專注於生命中真正重要的事。

然而，這種事許多年長者自然就辦到了，而這也是他們更滿足、心裡更輕鬆的一個關鍵因素。艾曼紐任意定下的限期，只是促使他不用等到承受老化帶來不便的那個時候，而是現在就像七十五歲的人一樣思考。除了美式永生的虛榮，我想提出，有種虛榮是認為「只有我做得到現在在做的所有事，我才會想活下去」。老年醫學家比爾・湯馬斯（Bill Thomas）將此稱為「停滯的專制」（the tyranny of still）——

這種論點認定老人有別於其他人，既不成長也不發展，於是他們的人生目標應該是完全保持現狀，最好還能退回更早的階段。[22] 湯馬斯駁斥這種論點，認為老年人在他們的年紀除了失去，也有收穫——他們拓展了視野、經驗，累積了日常的喜悅。我們可以不用掛念著失去什麼，或絕望地抱著「我們至少還能打網球或打掃自己家」的想法。我們可以把年老視為一個改變的過程，在這過程中學著珍惜我們得到的獎賞。失去是人生中淬煉智慧的一大利器，其中有些智慧能彌補我們自認為不可或缺的能力。只有美國加州人才會想要日日是晴天。

＊＊＊

況且，今日的退化也和以往不同了。相較於從前的世代，現在的美國人步入老年時，身體受過的折磨少了點——比較少過度操勞的體力勞動，吸的菸也少了，早年比較少得到重大疾病或感染。因此退化不再是條必經之路，倒比較像一種關係或談判，有個別的差異和轉圜的餘地。現在，年長者有降血脂藥物可以讓心臟持續跳動，有白內障手術讓他們免於失明，有人工髖關節和人工膝蓋讓他們繼續走動，即使新膝蓋不管用了，還有時髦的滑板車讓他們不會寸步難行。功能性磁振造影技術進步之後，發現腦部在一生中都會持續長出新的神經元，人類可以靠著經常練習，像鍛練二頭肌一樣增加自己腦細胞的數量。這和過去數十年醫學所知的不同。

古倫伯格提出「失敗的成功」三年之後，史丹佛大學一位風溼病學家詹姆斯・F・弗里斯（James F. Fries）提出一個截然不同的老化模式。相較於失敗的成功，弗里斯提出的是「成功的成功」（success of success）。[23]醫藥和生活方式改變，雖然確實無法根除老年人的疾病和脆弱，卻能讓這些狀況延後發生，把糟糕事壓縮到最後幾年發生。弗里斯認為，我們不是把多活的歲月加在一切分崩離析的生命盡頭，而是延長生命中間的部分。他稱這種效應為「疾病壓縮」理論（compression of morbidity），並且提出改善老年失能的簡單辦法，包括減少年輕時的肥胖和糖尿病，以及年歲增長時換掉衰竭的腎或肝。弗里斯之後改進了理論，用幾則長期研究佐證，而他的改善老年處方廣受採納，雖然他的整個典範沒有得到同等的重視。

老化的第三個模式稱為「動態平衡」（dynamic equilibrium）。心臟病或癌症這些疾病從前會要人命，或讓人健康每況愈下，但這模式則認為醫學進步之後，人即使得了這些疾病也能恢復健康。這個老年模式就像弗瑞德對切薩皮克灣隧道橋的比喻：爬升一陣子之後下坡，接著又爬升，直到你的時間終於耗盡。

這些老化模式對政策的影響甚劇，何況臨終照護所費不貲。我父親喉嚨插進呼吸管，生命延長了幾天，但那短短幾日的代價高昂，對我父親又沒什麼意義——正是所謂失敗的成功。另一方面，我父親頭一次心臟病發之後，就開始規律散步運動、服藥控制高血壓，他七十多歲時比六十多歲更健康——這現象支持疾病壓縮或動態平衡模式。

不過不論人生的最後一章是壓縮還是延長了，對所有人來說，老化必然發生。動脈會硬化，關節會腫脹，頭髮掉光或灰白，腎臟不再管用，皮膚失去往日的彈性。糟糕的是，阿茲海默症也定下了自己的時間表，醫學至今難以延緩。

這一年中，我在大部分的長者身上都看到老化的現象。他們更健忘，活力變差，疼痛惡化了點。王萍談話變得比較不連貫，她的句子不論原來說的是英語還是廣東話，都會突然切到另一種語言。一天，王萍說：「說實話，我這輩子已經夠了。」

不過認知功能喪失並不能一概而論。頭腦負責許多形式的認知，涉及不同的腦部區域，受老化的影響程度也不同。工作記憶（例如回憶剛聽見的一串數字）減弱，但是對高中生活的長期記憶仍然鮮活。這些記憶在適者生存的競爭中勝出，繼續留存在你腦中，不肯輕易消失。隨著年齡增長，我們處理新資訊的速度愈來愈慢，多工處理減慢成龜速。但我們沒在探索新領域或設法熟練新技術，處理新資訊的需求確實減少了。紐約大學神經生物學家埃爾克諾恩．高德伯（Elkhonon Goldberg）稱之為「智慧的矛盾之處」（wisdom paradox），他指出，隨著頭腦老化，心智某些有用的方面可能變得更強，「我們不該再單單以心智能力喪失的角度去思考我們心智與頭腦的老化。心智老化有所失，也有所得。」[24]

神經科學家時常把頭腦的功能區分為處理資訊和辨識模式。二者由頭腦的不同區域負責，在我們年歲漸增的過程中，會有不同的表現。概略來說，處理資訊的功能牽涉到大腦皮質、皮質下與大腦右半球，而辨識模式則牽涉到新皮質和左半球。處理資訊會消耗大量腦力，而辨識模式需要的相對比較少。隨著年紀增長，我們會愈來愈少處理資訊，較常用辨識模式。我們不再想體驗新餐廳（需要學習新路線、考慮新菜色），反而會發現老餐廳 Chez Oeuf 星期六的培根最新鮮。

伊澤克爾・艾曼紐悲嘆科學家和藝術家在四十歲之後很少有偉大的認知突破，因為他們的頭腦已經沒有火力替已經很複雜的世界打造新的解決辦法。也就是說，時年五十七歲的艾曼紐，不大可能發展出理解淋巴瘤或乳癌的全新方式。皮質和下皮質細胞負責解決複雜的問題，但他的這些腦細胞已經老化，激發的火花已經不足以照亮蒙昧。

但艾曼紐注意到他的癌症患者都說，癌症讓他們明白生命中重要的是什麼，他在這方面的洞見並不是出自複雜的思考過程，而是來自辨識模式的經驗和能力。他二十五歲的時候腦部處理中心正旺盛，卻提不出這種洞見，因為那時他看的病人還不夠多，無法辨識出模式。然而對他來說，這種洞見可以說和實驗室裡的突破一樣重要——讓他原原本本地明白他想要怎樣活著、怎樣死去。相對之下，頭腦辨識模式的能力比較不會隨著年紀而退化。年長者可以運用的經驗當然比較多，所以年紀較大的頭腦也有比較多的範本可以參考。如果你經歷過大蕭條時期，雷曼兄弟（Lehman Brothers）破產的時候，你就不會那麼震驚了。

＊＊＊

海倫和露絲雖然都說散步是她們人生中的一大樂事，但那一年中，她們都走得愈來愈少了。約翰經歷了一連串的小狀況，每次都更虛弱、更脆弱一點，也更依賴華特的外甥女安．科恩布盧姆，她成了他無私的照顧者。他拉傷了右肩旋轉肌，右手臂幾乎不大能動——對比較年輕的人來說，只要動個簡單的手術就能解決，但在他這年紀卻是不可能的事。他失眠幾夜之後，在廚房跌倒，令人擔心他下一次跌倒就可能得住進護理之家，對他來說，那比死更可怕。十月他得了尿道感染，得吃抗生素，但要多記住一種藥，對他而言太複雜了，結果第一天就吃了三天份的藥。他在泌尿科等了一個多小時才看到醫生，他對泌尿科醫生說，自己考慮自殺。

他說：「我沒辦法捅自己一刀。」

醫生說：「別那樣。」

他說：「而且我開不了柵門，所以也沒辦法從窗戶跳下去。何況我家樓層太低，即使跳了，很可能也死不了。麻煩的是，我太健康了，沒辦法死。」

事後，他在家裡和安坐在一起，終於不再提自殺的事。安是美國郵政署的犯罪調查員，不是能隨便亂說話的對象。約翰坐在自己公寓裡，戲劇化的絕望不再，取而代之的是疲憊。他雖然再次出門後安然返家，但現在感到精疲力竭。

他說：「我也有過一些無比快樂的時刻，但日常生活過得非常辛苦。」

弗瑞德・瓊斯那一年最艱辛。他是這六人之中最年輕的，但飲食很不健康，心臟也出過問題。這年一開始時，他感染了，右腳活像戰場檢傷單位出來的。他回公寓時，必須爬上三層樓，一次只能爬半層，中途得停下來在平臺休息。有時他好的腿痛得比感染的腿還要厲害。「爬那些樓梯，幾乎像有人把我的背揪在一起。」他說。「一段時間後，疼痛會沿著腿往下擴散，我感覺有人在咬我的腿、膝蓋、大腿、背後，還有上臂，全身都在痛。」

這些年來，他時常告訴自己，他該搬去有電梯的住宅，但這裡的房租每月只要三百美元，所以他總是想辦法再撐久一點。現在他的家不再適合他的身體狀況，而且他住的那區變得中產階級化，目前住的這種公寓即使沒有電梯，租金也會漲個五倍。所以他勉強爬樓梯，每晚脫下的襪子上結著血塊和膿。這種權衡已經行不通了，而弗瑞德沒笨到看不出來。「你在租金便宜的爛地方和租金貴但比較好的地方之間左右為難的時候，你會說：『這裡沒那麼好，不過我已經在這裡待好幾年了』，而我一直說服自己待在這裡。」弗瑞德真的需要居家護理師幫他處理感染狀況，也需要一個看護幫他打理公寓。但他身陷所謂醫療照護甜甜圈的那個洞裡。他曾是這座城市的公務員，退休金是每月兩千美元，外加社會安全給付的一千元。但這麼一來他就不符資格，無法讓社會救助幫忙支付他愈來愈需要的照護，想在電梯大廈找間有輔助的公寓就更不可能了。我覺得這樣撐不了多久，但弗瑞德似乎從來不曾灰心。只要他早上醒來，就是另一個好日子。

五月時我打電話給他，卻聽到語音訊息說這支電話應使用者要求暫時停用。我打電話給他足部醫生隸屬的醫院，又打去他前一年因低血壓而進過的那家醫院，然後問遍布魯克林的所有醫院。無消無息。沒一家醫院有病人叫弗瑞德列克．瓊斯。整個布魯克林都找不到弗瑞德．瓊斯？負責替他送餐的機構告訴我，他還活著，他打電話去停用送餐服務，但他們基於隱私權規定，無法透露更多。我繼續打電話去醫院，我想他早晚會現身。最後，有間醫院承認，沒錯，他們有位病人叫弗瑞德列克．瓊斯，他在老人病房。

我來到弗瑞德的病房，他面露微笑，解釋說外科醫生因為他有壞疽而部分切除了他的兩根大拇趾。他說手術痛得「要人命」，但他覺得用嗎啡就會上癮，所以不想要嗎啡。他是從他的家醫診所直接送醫，所以沒機會拿衣服和通訊錄，甚至沒辦法告訴朋友鄰居他在哪裡。他不曉得自己哪時會回家，或他不在時，家裡的帳單會堆到多高。他通知了電力公司和信用卡公司，說他可能有段時間無法付帳單。

另一間病房，有個女人的聲音喊道：「不、不，別死，拜託別死。看吧，我就知道會發生這種事。」

總有一天，弗瑞德的感染會奪走他的性命（前提是他活得到併發感染的那一天）。也許導致感染的糖尿病未來將不再無法根治——醫生會讓弗瑞德這樣的病人，像年輕兔子一樣蹦蹦跳跳爬上公寓樓梯。不過目前，弗瑞德的問題讓他陷入一場肉體的地盤爭奪戰，他頂多能減緩敵人進攻的速度。他將或快或慢逐漸失去自己曾掌控的領土。前一年，他因為低血壓而在醫院或康復中心待了六十四天。這下子他住院住了更久。接下來那個月裡，我看著他曾試圖走幾步，但顯然很痛苦，他那間公寓要爬樓梯，我不覺得他有辦法回去那地方。沒走路的那段時日，他的雙腿都萎縮了。醫生似乎覺得他的狀況不大樂觀。「他們跟我說，之後我會需要助行器。」弗瑞德說。「我有助行器。其實我有三個。但我出入要爬三層樓梯，沒辦法把助行器搬上搬下。」

弗瑞德正是他的醫療系統（至少是負責付帳單的部門）擔心的問題。一九七七年古倫伯格提出「失敗的成功」這個模式，在那不過十二年前，美國前總統林登・詹森（Lyndon Johnson）簽署了 H. R. 6675 法案，建立老年醫療保險制度（Medicare），為經濟脆弱的族群打造一個安全網。這制度很完美，前提是別遇到像弗瑞德這樣的老年人就好，他們的前景暗淡，帳單無窮。弗瑞德移置到一間康復中心之後，雖然帳單愈積愈多，但卻沒有打算離開的理由，只要他待在那裡，他最高額的支出都有人埋單。

一天在護理之家，我問弗瑞德，年輕人該知道哪些老後的事。他似乎不大明白這個問題，他覺得老年和其他階段一樣，只是人生的一季。今天和昨天沒多大的不同，而明天和今天也沒多大的不同。「只不過有些困難，例如扣衣服釦子、綁鞋帶彎腰就背痛，或那之類的事，或是照鏡子時看到灰頭髮，那些沒什麼好驚訝的。」他說。

「你知道那些事會發生，這是生命的過程。只是從一個年紀進入另一個年紀。我不覺得有特別不同的感覺。」

弗瑞德和我不同，他從不懷疑自己會回到原本的公寓——照鏡子永遠照不膩，從不去想人生什麼時候不再值得過下去。人生就是人生，不論是在護理之家的床上，或是和百萬小女星在裝滿千元大鈔的按摩浴缸裡共浴。看在我眼中駭人的健康問題，他已經習以為常。人活在境遇之中。他貧困的童年在維吉尼亞州的諾福克（Norfolk）度過，不到三歲，父親因闌尾破裂而過世。弗瑞德小時候，看著祖母和母親面對超乎他未來體驗的貧窮與種族歧視。對弗瑞德來說，所謂活著，就是隨生命的軌跡而適應調整。他跌破眾人眼鏡，按《美國退伍軍人權利法案》（GI Bill）進入了維吉尼亞州立大學。他是家族裡第一個上大學的人，而且光是年屆八十八歲還在呼吸，就已經打敗了命運。

他說：「我不認識任何我這年紀的人，工作上的朋友都已經過世了，我必須實際一點。我知道人不會長生不死，所以我會試著一天活過一天。我當然請上帝讓我活到一百一十歲、一百一十五歲。有可能活到那歲數呢。我不知道天堂是什麼模樣，但我知道我喜歡自己在這裡擁有的一切。我喜歡那句老話，『天堂是我的家園，但我並不思鄉』。我想待在這裡，享受生命。」

我們在護理之家的餐廳，弗瑞德穿著員工給他的衣物，一個月前，他穿來醫院的那套衣服已經不知去向。他沒再頻繁染髮，髮根逐漸灰了，而且有人沒徵得他同意就剃了他的鬍子。「我不知道我穿的是什麼。」他說。「可能是死人的裝束。我猜他們會把衣物留下來。不知道他們是怎麼弄來的。」對弗瑞德這麼不受拘束的人而言，護理之家的嚴格時間表是這體系令人不悅的一擊。他坐在同一個位子和同一群人共進每一餐。那天早上他睡晚了，員工就因此沒帶他去刷牙。

弗瑞德和所有年長者一樣，努力維持他的自主性，年復一年，這挑戰愈來愈困難。不過弗瑞德沒抱怨護理之家的生活制度太嚴厲，而是欣然接受，在這裡的同伴身上找到喜悅。他和住戶與員工交朋友，與室友一起參加祈禱，室友是耶和華見證人教派（Jehovah's Witness）。他在卡拉OK日唱比利．艾克斯坦（Billy Eckstine）的〈我道歉〉（I Apologize）。弗瑞德沒為自己失去腳趾而難過，他期待回家，想著「我錯過的那些美好時光」，但其實回家代表的是跛著爬上樓梯，去破破爛爛的公寓。「那裡幾乎像垃圾堆，但我習慣那裡了。」我離開護理之家時，心中充滿活著的喜悅。

弗瑞德對晚年的態度是，晚年雖然不像年輕時那麼美好，但只是一小袋洋芋片比不上一大袋洋芋片的那種差異。洋芋片終究是洋芋片。何況，如果不活下去，他要拿他的歲月怎麼辦？另一個選擇是死亡，但那可不是洋芋片。「一天中我最愛的時刻，是早上醒來，感謝上帝又給了我另一天。」他神采奕奕地說。「那是我一天中最愛的時刻。」

＊＊＊

老年容不下膽小鬼。這句陳腔爛調據說出自演員貝蒂・戴維斯（Bette Davis）。然而這話大錯特錯。老年當然容得下膽小鬼——多虧了現代醫療和公共衛生，到頭來老年幾乎是所有人必經之路。不論老年對身體的影響壓縮了還是延長了，長壽的人遲早會身體老化。

但老年是什麼呢？我們多少下了判決，覺得那是沒趁早（大概二十多歲）開始做瑜伽的傻子會遇到的事。也就是說，給老年下定義的主要是從未經歷過老年的人。

活在人生第三分之二階段的人，把追逐私利描述為人生的巔峰，而他們把年輕人的觀點貶為年少荒唐，年長者的觀點貶為老人閒談。

我和我母親的關係恰恰說明了老年人和他們子女對老年的看法有何不同。母親不肯運動或減重，即使這是唯一能長久紓解她慢性背痛的辦法。她說，物理治療是「騙局」。她的老人公寓有室內游泳池，但是換泳衣太痛苦，所以她不游泳。早上十點的太極拳課又太早了。她的背痛和腿痛愈來愈嚴重時，我和我弟勸她別買電動輪椅。我說她一旦不再走路，肺就不會運動，那麼一來身體就完了。

但我錯了。輪椅解放了她，讓她能去博物館、去看戲，門票時常有折扣。這是接納與適應的一課。我們的文化不斷要人去克服限制，但有時想辦法與限制共存，反而是比較有效的做法。對時日不多的人來說，短期的解決辦法（或接納現狀）有時反而是最理想的答案。而我們都時日不多，年長者只是比較本能地明白到這一點。

我探訪海倫的一年中，她手上的拐杖換成了助行器，但她並不覺得自己開始走下坡——走下坡指的是那些住在護理之家、罹患失智症的人。海倫才不想變成那樣。露絲的狀況也類似，她不再像以前那樣走路，但只要不用坐輪椅或沒失去心智官能，她就心滿意足。活下去當然值得。弗瑞德等不及想在明早醒來，明天他會更老、更脆弱，但他仍是自己。除了約翰，大家似乎都重新畫下「可接受」和「無法忍受」之間的界線，那條線剛好就畫在他們失能的程度之上。在我眼中慘重的健康問題，在他們看來卻像八十五歲之後的一個人生過程——真正糟糕的事總要晚點才會發生。

他們沒把年輕時的自己理想化，而是專注在讓他們更能活出自己的事物上——也就是讓他們最有人性的事物。對喬納斯而言，是藝術創作，對海倫而言，是霍伊。露絲討厭被趕出她從前住的機構，但她強化了自己和子女與延伸家庭的連結，學習使用電子郵件和臉書來更新親友近況。約翰回顧華特的回憶，而王萍有一群關係緊密的牌友。對弗瑞德來說，每天都是恩賜，每一刻都是幸福的機會。「就像昨晚（電視上）的比賽。」他說。「有幾分鐘的時間，我除了那個比賽什麼也沒想，我跳起來。幸好我沒老婆一起躺在床上，不然看我從床上跳下來那樣子，她一定覺得我瘋了。我想悲傷就是人把心思放在特別糟糕的事情上。」

起先，這些好處和他們不能再做的事比起來看似微不足道。但這一年來，我發現其實不然——這樣的好處大到可以滿足他們的生命。要說他們無法選擇自己的身體狀況，那所有人在任何年紀都沒得選擇。他們想到自己時，想到的不是種種失能，而是他們和這些失能共處的策略。我記得我父親最後的日子，他待在紐瓦克（Newark）一間可悲的病房，身上接著替他延長生命的機器。那樣的日子確實不值得活，任何人都不會想那樣活著。但他的心靈飄向人生中愉快的篇章，他從不曾跟我們分享過的那些事，或許是因為他健康時，並不需要那些回憶。我開始明白，長者發現的不只是準備死去的方法，而是可以在任何年紀好好活著的方法。

於是，我探訪他們的討論會不再那麼以老化，而是以活著為主了。我人生中的困頓（包括離婚和腳上一條韌帶撕裂，我因此得穿上保護靴）不再折磨我。探望母親也變得比較愉快、比較令人精神煥發。每位長者都能教我們不同的事——弗瑞德教我們感恩的力量；王萍讓我們明白，人可以選擇快樂；約翰教我們接納死亡；海倫教我們學著去愛、被需要；喬納斯示範了什麼是有目標地活著；露絲滋養了她在乎的人。許多世紀來，社會得依賴長者的智慧與其他貢獻，不久之前，這些智慧才變得不為人所知。我不是在開疆拓土，而是重新發掘一些古老的連結。開創之處在於學到這些事讓我變得多快樂，而我多希望早一點知道。

第 2 部

傳承的智慧

第7章

弗瑞德教我們的事

「我活到一百一十歲的過程中，都感謝主讓我多活一天。」
「我的目標是活下去、快快樂樂、享受生命、跟人聊天。和朋友共度美好的時光。星期日上教堂。還有社交，偶爾出去吃頓晚餐。日子會過得很快。」
——弗瑞德列克・瓊斯，八十八歲

每次探訪弗瑞德，我總是學到很多。他說起他想去紅龍蝦餐廳，他從前都帶女伴去那裡，他還說要避開附近的一條街，那條街上有葬儀社。他跟我說起一個前女友，說她「喜歡棒棒糖」，然後拿筆記本給我看，裡面抄滿他想記住的歌詞和智慧之語。布魯明岱爾（Bloomingdale）精品百貨的絲質領帶價格、星期天下午在哈林區薩伏瓦舞廳跳舞——弗瑞德的過去宛如一盤夾心糖，而他挑挑揀揀從不厭倦。一天他發現一個大信封，裡面塞滿各種藥物，全都過期了。他無法確定他是拿了新的藥，或只是沒吃完。

他翻開一本筆記本，唸道：「你聽聽。『別讓你的環境侷限了視野。』這話是約爾・歐斯汀（Joel Osteen）說的。」弗瑞德每星期天都看電視佈道家約爾・歐斯汀的節目，尤其是沒再上教堂之後。他崇拜歐斯汀的茂密頭髮與漂亮老婆。他停頓一下，思索那些話，然後又唸一遍。下一則格言的出處他就不知道了，他唸道：「『犧牲是愛的極致表現。』」

我問他，他同意這個說法嗎？

他說：「這個麼，要看我得做出多大的犧牲。」他用不著眨眼示意這是俏皮話，我聽得出來，那是弗瑞德的天賦。

五月二十九日，弗瑞德動了大拇趾手術，六月八日轉到護理之家復健，八月中院方告知他要準備出院。當病人的生活像是處於資訊真空，弗瑞德感覺自己是因為財務因素被趕出去的。「我的健康保險公司打給護理之家，說我在那裡待夠久了，他們不會再付錢了。」八個月前，他在另一間護理之家經歷過同樣的事。「所以這下我要是不自掏腰包申請醫療補助保險計畫，就得離開，但我不符合資格。」八月二十八日，他在離家三個月後回家了。

四天後，他在他公寓裡疲憊不已，噁心、痛苦不堪，抱怨他太早出院了。他的出院診斷寫道：

瓊斯先生可獨立下床、從椅子上坐到床上、使用輪式助行器走路。瓊斯先生沐浴時需要有人監督。需要他人協助準備餐食、打掃與洗滌衣物。能獨立如廁、穿衣。出院重返社會之後，能維持日常休閒活動。出院重返社會之後，享有護理服務。個案將使用老年醫療保險制度的時數。個案可以得到送餐到家服務和快捷藥方服務③。有親人參與並支持。

其中有些確有其事。護理之家送他回家時，給了他一個助行器（他已經有三個了），但除非他突然學會怎麼把助行器扛上、扛下樓梯，否則助行器也無法讓他走多遠。雖然有人再三保證，但居家看護仍然沒來。他女兒確實參與而支持，但他剛回家那天，她病到幾乎只能替他採購少許家用品。就連精力充沛，擁有健康照顧管理學位的人都覺得這制度難以理解，弗瑞德只能盡力摸索，而他既沒精力，也沒那種學位。

弗瑞德穿著睡衣，沒修鬍子，我從沒看過他這麼落魄。回家之後，他沒吃多少東西。護理之家沒給他染頭髮，他從二十年前開始染髮，這是他第一次頭髮灰白。他的倒影嚇到了自己。

「我真的想回去，但他們不會收我。」他說。「有個朋友跟我說，想回去就要叫救護車，去醫院，醫院讓我出院時，就會送我去另一家健康照護機構。但我反正厭倦了這些醫療機構，也厭倦了醫院。所以我想我就看著辦吧。」

我們又聊了一下，但弗瑞德沒精神說話了。我帶了些中國菜給他，夠讓他吃上幾天，他秀氣地吃，不只感謝我帶了食物，也感謝我的心意。他在護理之家至少有人可以聊天，三餐規律，可以長力氣。他的血壓有時低到危險的程度，但在那裡他的體重稍稍增加，血壓也升高了。然而他在護理之家沒有隱私，也無法安排自己的時間。這下子他又開始熬夜，想弄食物的時候才吃東西。他對再度出門很樂觀，卻難得沒帶著興奮之情。他說：「不知道耶。我不急，因為我就是沒興致。就連穿上衣服的興致也沒有。」

---

③快捷藥方（Express Scripts）是美國最大的醫療及藥品給付管理公司（Pharmacy benefit management）。

弗瑞德之所以不可思議，不是因為他這樣想，而是這種情況沒維持太久。我找的六名長者中會有弗瑞德，是因為他這種人的人生顯然每況愈下，他是個獨居的老人，而且心臟不好，行動能力也在逐漸衰退中。但弗瑞德從不覺得自己是那樣。無論是再活一天、有人來訪、一頓熱騰騰的餐食、他無法出門享受的晴朗午後，他都心懷感激。弗瑞德比我遇過的幾乎所有人都更活在當下，對目前還能享受的喜悅心懷感激。他堅持痛苦只是暫時的。他不為明日擔憂，只想活著享受明日。我坐在他身邊時，覺得我無法感激自己擁有的一切，真是小心眼。

然後在年中的時候，我開始試著效法弗瑞德——不再沉溺於抱怨，開始刻意感謝我以前覺得理所當然的事。和弗瑞德比起來，我的慰藉太奢侈了，我至少應該和他一樣感恩才對啊。我從簡單的事開始——父母或女友對我的愛，和朋友共度的時光，我工作上的好運。這做法激起了第二波沒那麼顯而易見的想法。知所感恩，表示體認到宇宙中對我有助益的良性力量。人生不只是我必須獨立奮鬥的一場仗，也是我幸運得到的獎賞和支持。我逐漸開始明白弗瑞德眼中的感恩。與其說感恩是對某些狀況的反應，不如說是看待這世界的方式。光是生命本身就值得感謝。這樣看來，也難怪即使沒人希望經歷他的人生，弗瑞德卻很感恩。不久，我就回到弗瑞德的公寓，想再討一點他的萬靈丹，因為我的人生因此更美好了，那樣好過焦慮、憂鬱或失望。

弗瑞德離開護理之家一星期左右，就恢復從前樂觀的模樣，他爬下幾階樓梯又爬回去，期待之後可以更舒服一點。他還在吃剩下的中國菜。他的人生總是這樣——最糟的情況已經過去了，事情會愈來愈好。活在當下，就是享受他今天能爬的每階樓梯。他仍覺得自己可望活到一百一十歲——以他進步的速度來看，有何不可呢？雖然他的好運不過爾爾，他仍舊花了點時間感謝。「只要上帝垂憐，我下星期就能出門了。」

＊＊＊

弗瑞德．瓊斯一九二七年生於費城，當時美國男性的預期壽命不到五十歲。弗瑞德兩歲半時父親去世，於是母親和祖母靠著卑微的工作把他和他哥哥拉拔大。他母親是女裁縫師，週薪二十五美元，祖母幫人打掃家裡。性的奧妙伴他度過成長過程，老年時依然如故。早在我們見面之前，他就告訴我有些女人毫不矜持設法上他的床

——後來我發現這是他很愛的話題。

有一天，他在公寓裡坐在囤積一輩子的東西之間，說：「我其實不大明白愛一個人是什麼意思。」一臺不大能用的電視壓在完全壞掉的電視上，他一九六七年起就沒騎過的一輛腳踏車和舊宗教傳單、保險優惠資料和還裝在沖印店信封袋裡的照片爭奪空間。「我的意思是，我愛我哥哥。我愛女人，我喜歡跟女人在一起，但我從來不曾墜入愛河，渾然忘我。女朋友呢，說分手就分手。」

他的冰箱上貼著一個女人的照片，但他早就不再打電話給她了。他說，大約是她開始提起結婚的時候。他比較在意的是他臥室裡的一張照片，那是他母親。照片邊緣翹翹的，裡頭的中年婦女臉上掛著安定的微笑，一頭俐落的鬈髮，和弗瑞德一樣的寬額頭，比我初次見到的弗瑞德年輕。她穿的可能是星期天的上好衣服。

「幸好我獨居，否則別人可能覺得我瘋了。」他說。「我會站在那邊跟她說話。噢，『我愛妳，我很感激妳為我們做的所有事，以前我們聖誕節總是得到很棒的玩具，也有體面的衣物可以穿去上學，所以我小時候不知道我們很窮。』這只是在緬懷過去。我會把那些事都說過一遍。」

他說，一九七九年他母親過世，那是他這輩子最難過的時候。那天下午他離開時她還活著，躺在醫院病床上。他去附近的商場看了場電影，就叫《上錯天堂投錯胎》（*Heaven Can Wait*）。隔天早上他回到她病房時，發現她的床墊折起來了。他說：「我知道那是什麼意思。我兩腿發軟。從此再也沒去看過電影。」他說那天之後，「我會想起那件事，夢到她，夢境很長，但她總會消失不見。」

要說弗瑞德的感恩之心從何開始，應該是他的童年，以及他母親和祖母的養育。他有許多故事（與性無關的那些）可以追溯到那兩位女性，以及她們過的辛勞生活、替他和哥哥做的犧牲。弗瑞德記得他母親在大蕭條時期失業之後，他們屋裡太冷，桶型暖爐只能溫暖房裡一角，所以大家都擠在爐邊，食物是來自慈善食櫥。不過這些並不是不愉快的記憶。他說：「小時候，只要是和爸媽在一起，爸媽盡力為你好，即使你們非常窮，你也會很快樂，因為那就是你的全世界。」

他說，即使如此，「我直到十七、八歲，才知道我很窮，我開始讀洛克菲勒（Rockfellers）和甘迺迪（Kennedy）以及樣樣不缺的那種人的事。我們聖誕節有玩具，我們有衣服，我們有零頭小錢可以去學校花用。我可以用十分錢跟惜福商店買六個糖霜甜甜圈。我午餐就吃甜甜圈。」那段經驗讓弗瑞德很早就明白，唯有你覺得某些事是問題，那些事才是問題。否則那些事就只是人生——而且是你要過的人生。

之後，他入伍當兵，靠《退伍軍人權利法案》唸大學之後，最大的遺憾是無法報答祖母的呵護。他說，他打算拿到第一筆薪水之後，把祖母自己縫製的內衣收集起來，「找個最大的垃圾桶，把那些東西全扔進去。我要把最先拿到的兩百塊花在她身上。但我大學畢業的一年前，她過世了，所以那個願望沒實現。之後我每個月都寄錢給我母親。」

弗瑞德的奇蹟是，他吃過很多苦，卻總能找到理由覺得自己很幸運。醫療系統給他種種打擊，他疼痛纏身，一天比一天更孤立於外界。他的女兒時日不多，他和其他五個子女多半很疏離。弗瑞德的哥哥是弗瑞德生命中最親近的人，但他某個秋天撞到頭，癲癇時常發作，影響語言能力，所以兄弟倆無法再通電話了。這些事，弗瑞德都從容以對。在護理之家的某一天，他說：「人生滿美好的。」

弗瑞德教我們的是，別再相信控制的迷思。如果你認為你掌控自己的人生，可以選擇人生的走向，那麼老年就像侮辱，因為你沒選擇步入老年。但如果你把人生看作你會遇上一連串事件，必須臨機應變（也就是應對這個世界），那麼老年就不過是長篇故事中的另一章。老年的事件不同，不過故事中的事件本來就會不同，而且總有一些似乎不堪承受。

我認為弗瑞德應該會無法再待在他的公寓。他莽撞地拒絕面對現實。弗瑞德專注於當下的態度有個缺點——他沒替未來做計畫。他大可以戒吃冰淇淋和品客洋芋片來減緩糖尿病；他大可以務實地思考另覓新居，找個不用爬樓梯的地方。但他無法那樣思考。他回家之後，顯然無法照顧自己。他心情振奮是好事，但好心情也無法撐起他的身體上下三十七階樓梯。

然而幾星期後，他下了樓梯，自己走去商店，甚至穿越一條沒有紅綠燈的繁忙大道。十月，弗瑞德堅持我們一起去長程散步，雖然我提議載他一程，但他不肯。那是個酷熱的秋日午後，弗瑞德穿著格紋羊毛運動外套和深紅的針織衫，腳踏他的矯正鞋。他有點久沒洗衣服了（可能兩年吧），所以沒有那雙可以搭紅上衣的褐紅襪子，胸前口袋也沒手帕，但是看得出他很高興他能自己走出家門。他剛回家時的消沉早已不復存在。

弗瑞德說：「我才不想活得像個老人。他們成天坐著，說：『欸，孩子，我腰痛又犯了，看來要下雨了。』我不覺得談論病痛有什麼好的。我喜歡聊歌曲和創作者、星期天的美式足球賽事之類的。對我來說，那是開心的事。可是大家老是說些『噢，昨晚我聽到聲響，我以為門外有人，有人要破門而入』之類的話。我不想聽到那類的話。我知道發生了那些事，但那些事對我的心情沒什麼好處。」

他用他最接近爵士樂明星比利．艾克斯坦的唱腔唱道：

寶貝寶貝寶貝

寶貝待在我腦海。

「你知道那首歌嗎？」

我的某篇文章在報上刊出之後，有三名讀者和弗瑞德聯絡。一人想來跟他一起祈禱，一人想來探望他，因為他感覺好孤單。弗瑞德鼓勵他們兩個來。第三名讀者是退休經理吉米．希利（Jim Healy），吉米帶弗瑞德去他公寓附近的漢堡王吃午餐，然後問弗瑞德，如果他在路上撿到幾百塊，會怎麼做。

弗瑞德說，買套西裝。

於是他們去買了西裝。

弗瑞德喜歡紫色的東西，購置的過程因此複雜了點，不過弗瑞德多年來一直注意櫥窗，所以知道該上哪去找。說到男裝，弗瑞德遺傳到他母親對色彩的熱愛。據弗瑞德說，他曾經有八十三雙襪子、二十五條腰帶、十到十五條手帕，但他最後一任同居女友搬走時帶走了衣櫥，沒了衣櫥，於是這些玩意兒全都塞在購物袋裡。

那套西裝是紫色格紋，雙排扣，弗瑞德穿起來好看極了。看起來像匹冬日、甚至秋日的獅子。看到他的微笑，我這一年都值得了。我和吉米・希利聊天時，發現他和弗瑞德一樣興高采烈，也一樣懂得感恩。他和我一樣，明白他付出的同時也有收穫。

＊＊＊

弗瑞德就是這樣。他從來不會一直消沉，從不擔心未來（不擔心還沒發生的事），永遠對他誕生的世界感到驚奇。世上當然有一套紫色西裝。這世界充滿恩賜。即使是苦日子，他也喜歡陶醉在美好時光的回憶中。

一天，他從回憶之盒裡撈出另一塊夾心糖，說：「老弟啊，復活節遊行不如從前了。」我剛給他看了一段紐奧良二線遊行的手機錄影，影片裡有個女人在晃動她的豐臀。弗瑞德說：「我記得有個女人的帽子上固定著一小隻山雀，不斷啾啾叫。我心想，老兄，他們可真使盡渾身解數。」弗瑞德就是這樣。他會突然想起有趣、窩心或只是古怪的事，然後他整個人似乎就變得更有生氣。帽子上活生生的山雀？有何不可呢？還有一次，維吉尼亞州諾福克的水手給他小費，要他帶他們去嫖妓，當時他才十六歲。他也說過在愛之海的旅伴經歷的苦難。這些是他最愛的回憶。他說：「我記得『二十一俱樂部餐廳』，有個女人從一輛豪華轎車上下來，轎車看起來和這個房間一樣長。她穿了件毛皮大衣。不曉得多貴，不過看起來不錯。她讓毛皮微微拖在地上。她來之前已經喝得醉醺醺了，正要進『二十一』。一個男的帶著兩個女的。我說啊，老弟，你麻煩大了。兩個醺醺然的女人？太超過了。」

弗瑞德從不把他的困境怪到別人頭上。他的人生被自己搞得一團糟，不過那是他自己的一團糟，他能活在那樣的人生也是他的幸運，總好過活在別人搗亂的人生。即使告別性生活，也不過是另一件他要調適的事。畢竟生活的藝術一大重點就是好好過你現有的生活。性仍然是弗瑞德生活的一部分，只不過轉移到記憶與想像的器官去了。他說：「我不想念性。我覺得我得到的已經太多了。不是我要吹噓。」他指著他的腦袋，意思是貓王還沒離開，只是搬去另一層樓而已。他說：「全在這裡了。就是那樣。差就差在那裡。其實啊，那小子不想抬起頭。」

他哥哥說過，他的脾氣有一天會害他被關進牢裡，但他學會了控制脾氣，也學會接受自己對承諾過敏的問題。他的人生故事有脈絡，而他的生命是他免費得到的禮物。不論他有什麼缺陷或壞習慣（他太吝嗇，不喝酒賭博），都只是上帝展現愛與寬恕的另一個機會。他說：「我禱告時，都請上帝讓今年的我比去年更好。我的孩子四散在各地長大，我沒辦法當個多好的爸爸。我想，他們就是不想來看我吧。事情就是這樣。」

＊＊＊

基督教、猶太教、伊斯蘭教、佛教、印度教和一堆勵志書都頌揚感恩的好處。古羅馬哲學家西賽羅（Cicero）稱之「不只是最偉大的美德，也是其他所有美德之母」。英國作家G．K．切斯特頓（G. K. Chesterton）寫道：「感謝是最高尚的思想，而……感恩是快樂加驚奇。」[25]要習慣不只在用餐前謝恩禱告，還要「在戲劇和歌劇開演前，在音樂會和童話話劇開演前，在我翻開一本書之前，在素描、畫畫、游泳、擊劍、拳擊、走路、玩耍、跳舞之前，還有在我拿筆沾墨水之前」。[26]

幾乎人人偶爾都會心懷感激，尤其我們希望得到好報的時候。你會希望下次再受邀，所以感謝主人招待美好的晚餐。感恩的本質是一種社會甜味劑。能肯定別人善意的人，相處起來比較愉快，所以更容易受到友善對待。相反的，沒人喜歡不知感恩的人。

不過有些人的感恩態度似乎渾然天成，即使沒人注意的時候也一樣。他們的人生未必比別人順遂，但他們比較覺得該對小小的獎勵表示感激。弗瑞德．瓊斯正是這樣的人。表達感激令他快樂，進而使他更感恩，因此又更快樂。

二〇一五年，南加州大學的研究者著手研究人感到感激時，腦子發生什麼事。他們準備了納粹大屠殺倖存者簡短描述陌生人對他們的善行，請二十三名受試者閱讀之後，想像自己是接受那些善行的人，並且用功能性磁振造影儀來檢驗。[27]有些恩惠是一條不新鮮的麵包之類的，微不足道；有些則需要很大的犧牲和風險，例如在納粹軍隊正逼近時提供藏身處。研究人員請受試者描述他們有多感謝那些恩惠。接著研究人員會標示出腦部有活動的區域。

磁振造影顯示腦部的多個區域有活動，由此可見，感恩牽涉一整個情緒反應的網絡，即使恩惠很小也一樣。受試者腦部的獎勵中樞會亮起來，程度和他們得到的好處相當，但道德與社交處理中心顯示，受試者愈說自己覺得感恩，腦部主宰道德與社會認知的區域，反應就愈強烈，而且這種情況和恩惠的大小時常無關。受試者經歷到的感激不只關係到他們得到的恩惠，也牽涉到他們和他人建立的關係。

實驗結果隱含的意義令人著迷。如果一名經銷商對你說：「我們要在你的地區發行一項新產品，想聽聽你對那項產品的意見。」然後給了你一塊好吃得不可思議的派，那你的獎勵中樞會像大放煙火一樣瘋狂傳遞信號，但你處理道德和社交的中樞很可能沒什麼動靜。你是對那一塊派有反應，而不是給你派的人。但如果鄰居給了你同樣的派，你所有的區域都會亮起來。即使鄰居的派只有一半大小，或沒那麼好吃，也是一樣的結果。感激主要依據的不是你感謝的東西，而是你對贈予者的認可。不感恩的人如果收到鄰居的禮物，社會和道德處理中樞可能沒什麼反應。

這個實驗也顯示苦難和感恩可以並存，人不見得要生活富裕才會覺得感恩。不會有人羨慕圍在一塊乾麵包旁邊的大屠殺難民，但沒麵包吃的難民就會。艱苦人生中感恩的機會，可能和愜意的人生一樣多。

在弗瑞德身上很容易看到這種情形，他大可以沉溺於自己的問題，但他沒有。他即使對微不足道的樂事（一杓冰淇淋、鄰居的一抹微笑）也心懷感激，他放大這些喜悅，少留點空間給抱怨或嫉妒。表達感激也減輕了他的孤立處境，讓他心理上與自己之外的力量產生連結。他認為這世界充滿善意、希望他快樂。身為非裔美國人，在南方度過貧困的童年，這種心態難能可貴。有時，我擔心自己會犯下馬克・吐溫（Mark Twain）年輕時的錯誤。他問家奴一個荒謬的問題：「妳活了六十年，卻從沒遇上任何麻煩事，是怎麼辦到的？」結果被她講了一頓她年輕時的悲哀。不過弗瑞德總是坦誠面對自己的磨難。他只是沒讓那些磨難為他的人生定調。

這一年裡，我時常問他是怎麼辦到的，他似乎從來不理解這個問題。他感恩的事十分單純、唾手可得，因此要享受那些事幾乎像呼吸一樣簡單。他的信仰當然有影響，但與其說那是促使他有正向情緒的力量，不如說是一種組織情緒的方式。他不想要不同的人生，只要他擁有的人生。他說：「我的目標是活著、快樂、享受生活、聊天。和朋友共度美好時光，星期天上教堂。交際交際，偶爾出去吃晚餐。日子過得很快。」

不難發現我母親並沒有這種知足與感恩。雖然我母親的人生過得比弗瑞德愜意，但他們對未來日子的期望不同。弗瑞德的人生經驗讓他明白，最糟的苦難只是暫時的，所以他沒花時間想那些事。我父親也這麼樂觀，他相信世界會愈來愈好，而「病痛」這種東西，以人類的才智總有一天會絕跡。我母親的磨難是慢性背痛，她知道背痛只會愈來愈糟，而她花了不少精神尋找各種療法，通常只有失望的份。弗瑞德求助於物理治療，他深信自己可以再度爬樓梯；我母親卻很抗拒，她認為她的背痛只會每況愈下。

羅伯・A・艾曼斯（Robert A. Emmons）是戴維斯加州大學的心理學教授，他花了幾乎大半個世紀研究像弗瑞德這樣的人，想了解心懷感激的正面影響，以及對那些不是生來就會感恩的人，要如何讓他們逐漸擁有這種能力。二〇〇三年，艾曼斯和邁阿密大學的麥克・E・邁卡洛（Michael E. McCullough）著手量測表達感激是否會改變人們的人生態度，或只是態度正向的人通常比較感恩。[28]一系列強度和持續時間不同的實驗中，他們都請一組受試者記錄他們感謝的事，另一組記錄他們討厭或煩惱的事，再一組是要寫下他們遇到的事，或他們覺得比其他人優越的地方。各個實驗中，三組的人一開始的感恩程度一致。有兩個實驗的受試者是大學生，一個實驗是患有神經肌肉疾病的人。實驗為期兩週到九週。

各個研究中，寫下感謝事項的受試者，幸福感比較強，對未來幾星期或幾天比較樂觀。他們寫得愈頻繁，效果愈強。依據研究設計，有些人還回報了不同的正面效應——他們更常去運動，睡得更好，醒來時更覺得神清氣爽，或比較可能幫別人解決問題。之後的實驗中，艾曼斯和其他人發現表達感激的人血壓比較低，發炎反應比較輕微，免疫功能比較好，壓力荷爾蒙皮質醇（cortisol）也比較少。

這些二〇〇三年的研究有個發現：如果只是寫下自己哪裡比別人優越，並不會得到同樣的好處。意識到自己的優勢還不夠，必須對這些優勢心懷感激。弗瑞德的苦難比大多數人更多，但極度感恩，他想活到一百一十歲；而我母親的優勢比一般人還多，卻覺得活下去沒意義。優勢本身還不夠（即使意識到優勢也不夠），或許是因為這些優勢可能消失。另一方面，感恩卻是肯定這世界給了你一些東西，而且可能繼續下去。

***

這類的話總是令弗瑞德開心——他說：「我老婆從來沒背著我偷吃，因為我從來沒有老婆。」他會整張臉亮起來，輕聲咯咯笑。當時是十二月初，我們在他的公寓裡，他女兒帶了萬聖節剩菜來給他，他心滿意足。外面開始冷了，公寓為了抵禦風寒和房東的糟糕服務，整年門窗緊閉，感覺悶悶涼涼。他腦中響起艾拉・費茲傑羅（Ella Fitzgerald）的〈咕嘰咕嘰咕〉（Coochi-Coochi-Coo）、魯斯・可倫波（Russ Columbo）的〈愛的囚徒〉（Prisoner of Love，是這首歌特別浪漫、熱情洋溢的版本），以及柯曼・霍金斯（Coleman Hawkins）的〈靈與肉〉（Body and Soul）。弗瑞德記得在薩伏瓦舞廳隨著霍金斯的大樂團起舞。弗瑞德說：「他獨奏次中音薩克斯風，老兄啊，太美妙了。」我們相處的一年即將結束，這是深思的時刻，於是我問起他年輕時的事，以及他比較年輕時，覺得老年是什麼樣子。

他給了典型弗瑞德式的答案。他說：「一次過一天，親愛的主啊，一次過一天。我不去想今天之後的事。到了明天，我會想著明天，就這樣。」

事後回想，弗瑞德現在的許多困境可以追溯到這種態度。但他沒這麼做。他專注在他還能享受的樂趣上。他共事或交情好的很多人都已經不在人世，無法享受晴朗的日子或社會福利金，但不論他有什麼病痛，仍然在奮力求生。人生在世本來就不完美，重點是活著——這麼一想，還滿神奇的。

他說：「我不知道人世之外的地方。這世界上讓我開心的事可多了。好啦，活過一百……一十歲之後，我希望我健健康康的。如果我需要有人替我做菜，也行。但我喜歡自己沖澡，自己穿衣服、梳頭髮。我別無所求，只想做我喜歡的事，例如逛櫥窗。」

弗瑞德安靜下來。那時很接近一年之中白日最短的那一天，外頭街燈在客廳投下斜影。我們籠罩在男性那種尷尬的沉默中——我們倆都不想說感傷的話，但我們也不想說再見。所有長者之中，就屬弗瑞德最難說服，之後又最快吐露，而他生命中仍有些不想坦白的角落。我問他對明年有什麼期待。向前看對弗瑞德總是不容易，或許是因為每年都會發生他不樂見的問題。

他說：「明年？明年是我八十九歲那年，到二〇一七年三月我就九十歲了。」他說著咯咯笑。他兒時在諾福克的街道間度過，直到現在還像他年輕時那些騷包的私酒商一樣，愛在自己面前揮舞拐杖。他說，他希望明年會成為更好的人，但他不抱太大的期望。他說：「我不下定決心。反正我不能堅持。」

這年一開始時，他還在一間護理之家做他第一次復健治療，所以某方面來說，年尾已經好過年頭了。但他其實時日無多，而且自己也很清楚。他只是選擇不那樣看待自己的人生。他用性的話題來掩飾他對自己身為父親或伴侶的自我懷疑，或許是種防衛機制，不過這樣確實幫助他度日，讓他的喜悅變得具體、有一席之地。最後幾次我有一次造訪弗瑞德時，公寓有些地方幾乎一片漆黑，因為他沒辦法爬上梯子換燈泡。在廚房，他不再能舉高手臂搆到拉繩，打開廚房的燈。獨自待在黑暗中的老人——這是我一年前打算報導的故事，但如今那樣的故事感覺沒那麼發人省思了。

他的人生遠遠有意思得多。我替他換了燈泡，加長了廚房燈的拉繩。這有違記者的守則（報導新聞，而不要製造新聞），但我想著名廣播記者愛德華・蒙洛（Edward R. Murrow）和其他人的鬼魂會原諒我。他們成為傳奇之前，也曾是普通的老先生、老太太。

弗瑞德大方接受我的幫助。他和他的公寓一樣搖搖欲墜，但至少還有生氣。至於他能不能活到這些新燈泡再度需要更換的那一天，誰也不知道，但在燦爛的燈光下，他願意說他會活那麼久。弗瑞德就是這樣。或許我現在就該開始想念他了。他說：「他們是怎麼說天美時（Timex）的手錶？需要一點鞭策，但會一直滴答走下去。」這話不是出自約爾・歐斯汀，不過說得還不錯。「這正是我的感覺。我受過不少打擊，不過謝天謝地，我還在繼續前進。是啊，沒錯。」

第8章
王萍教我們的事

「我年紀大了，得讓自己舒服一點。」
「我們從來不談死亡的事。有什麼用呢？人老了就會死。我們下樓玩牌去吧。到了這個年紀，應該做好準備。」
——王萍，九十歲

弗瑞德盡一切可能讓自己在年老時經濟無虞，而王萍卻幾乎一無所有。她的工作年間，都在中國城的一間診所賺取低於最低薪資的報酬，將近八十歲退休，毫無積蓄，靠著每月僅僅七百美元的社會安全補助金（Supplemental Security benefits）維生。王萍從香港遷居美國三十年之後，仍然只會最基本的英文。她丈夫和兩個姊妹都過世了，獨子在中國廣東一間超市遭人謀殺。雖然做過兩次髖關節置換手術，她仍然因為腿和背部的關節炎而痛到不能走。

王萍住的公寓在格拉梅西公園附近，打理得井井有條，我在那裡和她見面時，她只有一件事好抱怨：太愛抱怨的老人家。

王萍說：「大家老在抱怨自己的病痛，或

是說，我今天得去看醫生。很多人都那樣。說實在，大部分都是。他們覺得如果抱怨了，其他人就會同情他們，但我覺得恰恰相反。誰能幫你？一點小痛——承受下來，讓自己更強壯就好。深呼吸。嘗試各種方法讓自己好起來。」

我遇到王萍時，她八十九歲，當時的她拼湊出了自己從前無法想像的美好人生。她在紐約市的時髦地區租了一間便宜得誇張的公寓；多虧了醫療補助保險計畫，她有個居服員包辦做菜、打掃、採購；有食物券和送餐到家服務；每天在她公寓的交誼廳跟講廣東話的老鄉打麻將。她這輩子頭一次悠悠哉哉、有自己的時間，能滿足需求，不用承擔對他人的責任。她身邊總是有朋友，所以從來不寂寞。過去數十年，她工作、養家、照顧垂死丈夫，現在她的經濟更穩定，要擔心的事少了。她說：「我們很享受我們的人生。雖然不富有，但我們過得比較好，過得像樣了。我可以買我要的東西，即使是昂貴的羊毛衣物也行。以前要羊毛衣非常困難。」

我幾乎一遇到王萍，就有了收穫。她似乎不斷把這些妙語從一種語言轉換成另一種語言，有時用廣東話說，有時用英語說，一邊梳理其中的微妙差異。她和其他人一樣，把老年視為一個生命階段，「必須盡可能讓自己快樂。」她說，人都會老。「這是一種體驗。必須時時刻刻讓自己維持良好狀態。別想那些悲慘的事。要想美好的事，像年輕時的事、喜歡做些什麼事，像我呢，會想我先生，想他有多好。我從來不會想，噢，我先生死了，我好難過。不會，從來不會。我總是想，他永遠在我身邊。所以我要把自己維持得很好。」

＊＊＊

我遇見王萍之前，花了幾星期造訪中國和韓國的安養中心，身邊總帶著一個翻譯，而我也透過專門照顧拉丁裔人士的社會服務機構和長者見面。在美國（尤其是紐約）描繪老年時，要是少了移民就不算完整，因為老年移民將大量的文化價值觀和實踐帶到人生最後的階段。幾年前，皇后區一群韓國老園丁因為公園管理部打算接管他們的社區花園，而和紐約市的公務員結下深仇。[29]那座社區花園是他們的安養中心從布滿垃圾的空地收回改建的。一名園丁拿著一罐汽油威脅自焚，警方只好找人質談判小組勸阻。另一次則出動了警方，從麥當勞帶走另一群韓國老人，因為他們總是在那裡待一整天，有時從大清早待到天黑。[30]

不論你來自哪裡，都可能覺得紐約這樣的城市是迷人的養老地點。商店和醫生都在走路可達的距離內，即使沒有車，大眾運輸系統也能讓你趴趴走。不論你說哪種語言，都能找到說著同語言的社群，包括醫生和社工人員。沒人希望自己是亞歷桑納州與世隔絕的退休社區裡唯一說福建話的人，或是科羅拉多州滑雪勝地斯廷博特斯普林斯（Steamboat Springs）一堂社交舞課上唯一說菲律賓方言他加祿語（Tagalog）的人。

因此，這座城市土生土長的長者雖然減少了，年長移民卻激增。二〇一三年城市未來研究中心（Center for an Urban Future）的一個研究發現，六十五歲或更年長的紐約客之中，將近一半出生於國外。[31]全美國的這個數字比較接近百分之十一，而且自一九六〇年以來就持續減少。有些人就像喬納斯・梅卡斯一樣，年輕時來到美國，順暢地融入這座城市。有些人則像我在中國或韓國安養中心遇到的人，比較晚才來到美國——時常是由子女帶來幫忙照顧孫子女。他們現在自力更生，沒有其他責任，人生也沒有明確的目標。他們出了他們的民族聚集地，就沒辦法做多少交流。出生於外國的紐約老年人之中，將近四分之一生活貧困，將近三分之二的英文能力有限。

依據報告，來自中國的年長者人數僅次於多明尼加共和國，其中只有百分之八能說流暢的英文。這些隔閡使得年長移民比較無法取得支援服務，比較可能孤立、寂寞、抑鬱。

皇后區的法拉盛（Flushing）雜亂擴張，那裡的韓裔美國人安養中心通常每天服務一千三百人，有個名叫金善（Sun Kim，音譯）的八十五歲女人給了我一些建議。她說：「別待在家。學點東西。」她年輕時自己的國家被北韓入侵，因此中斷學業。我問她，年輕人該向他們的長者學習什麼，她對這想法嗤之以鼻。她說：「你這一代比我這一代強，沒什麼好跟我學的。戰爭讓我沒機會學習，你們的機會比較多，所以我們可以跟你們這一代學習。這不是創傷。我女兒去上學，畢業了，不過我想我從前其實可以學更多。」

我原本預期他們會對出生的國家有股渴望或鄉愁，美國文化向來以忽略長者聞名。但我發現恰恰相反。我遇到的人，沒人想回家，因為除非很富有，否則在家鄉生活對長者比較辛苦。所以他們在這裡擠在螢光燈下的長桌，吃熱騰騰的餐食、玩賓果，或閱讀母語的報紙。會說英語的人不多。一個叫錢秦（Qian Chin，音譯）的女人一九六〇年代隨著女兒從香港過來，她說她不喜歡美國對待老年人的方式，接著立刻又改口：「說實在，美國政府做得比中國政府好。」她每個月從食物券和社會安全補助金得到將近一千美元，每個月為了津貼公寓付兩百元出頭的房租。「錢算是夠用。」她接著又補充說，她孩子偶爾會給她零用錢。「我認識的老人，十個裡有九個都有這種補貼。」

一個冬日午後，我們在她的公寓裡，她展示著朝南的窗戶（她說：「朝南陽光最多，皇帝都喜歡坐北朝南」），她的悲傷並不是老年的哀嘆，而是因女兒難過。她的女兒搬去北卡羅萊納州，從不打電話給她。「她有錢也有時間旅行，卻抽不出時間過來。」錢秦說。「我要的不多，只要幾通電話就好。但她不打電話。她是我的女兒，卻忘了我這個媽。她在這裡太久，學了美式作風。」

錢秦的兒子亨利從康乃迪克州來探望她，他說美國和中國的差異是，中國期待子女照顧年長的父母，但在這裡，人們卻期望政府來照顧。亨利替他姊姊說話，錢秦說：「她母親節會打電話。中國新年、生日和聖誕節她都會打來。但那種日子屈指可數。我三年沒見她了。我也不指望她老是來……一天就好。有時我真的很想念她，就一個人哭。」

最後，錢秦說：「我孫子女完全不會說中文了，我好難過。他們都在這裡出生，也許只會說幾個字，像是『你好』，或『奶奶』，所以很難溝通。因為語言障礙的關係，我甚至沒有他們的電話，而且他們很忙。」

我在安養中心遇到的其他人，有的融入群體、有的孤立，有的活蹦亂跳、有的坐著不動，有的知足、有的不滿，有的準備死去、有的渴望活下去。我遇到王萍的時候，她綜合了上述這些狀況，甚至更複雜。

＊＊＊

我們的第一次見面是一場典型的語言大冒險，王萍說：「我不寂寞。因為我來這裡之後得到一個工作，替一位菲律賓心臟科醫生做翻譯。我在那裡當半吊子的口譯，做了八年。這裡有三十個中國住戶，其中十八個是廣東人，所以我幫老闆處理中國人的事。我們幾乎每天打麻將。所以我雖然獨居，卻還是很快樂。只要有牌可打，她們就會找我。」

我和王萍逐漸熟識之後，開始辨識出她的敘事風格。大部分的故事都免不了涉及她生活某些其他層面，前面或後面會加上一點生活忠告，最後總是以麻將收尾。有幾次我看她打牌，意外地發現除了向我解釋麻將規則之外，那群女人打牌時幾乎一言不發。一天下午，王萍在交誼廳對著疊起的麻將解釋道：「麻將啊，是用打的，不是用說的。我們忙著打牌，沒精神做旁的事。」

王萍這一年的戲劇性事件是和女兒去大西洋城。近年來，那裡許多賭場關門大吉，不過對王萍而言，去那裡的旅程仍然是她期待的重點活動。時間來到四月，她九十歲生日前的兩星期，她的心情難得消沉。王萍說英語時習慣在意想不到的時候大笑，或許是為了掩飾說英語的不自在，不過這一天她顯然悶悶不樂——她覺得她的狀況不好，去不了大西洋城了。她有關節炎，坐三小時的車對她的身體而言太漫長了。「當然，我為我自己難過。」她聽起來很挫敗。「我不想那麼老。你愈來愈強壯，我卻愈來愈虛弱。」

她愈說愈恐慌，似乎是源於她心中很少探索的那部分。她說：「說來好笑，有時候我不想活太長。太痛苦了，我的骨頭痛到我受不了。所以有時候我想死的欲望比想活的還要強烈。九十歲夠長了。」

很少看到她這樣，不過這狀態沒持續。這些話似乎讓她有了自覺，我離開的時候，她恢復往常的談話口吻。但我不知道是不是真的。

這種談話中的逆轉（前一分鐘還在歡慶她的好運，後一分鐘又陷入絕望）起初令我摸不著頭腦，覺得王萍樂觀的那一面可能是為了在她那棟公寓或同儕團體面前擺出愉快的形象。畢竟誰也不希望別人想到自己，就覺得這人活在沮喪的泥沼中。不過我漸漸開始把王萍對自己對老年的矛盾觀點看成一種調適的優勢。對她來說，知足並不是不受干擾的喜悅，而是坦誠接納生命中的苦難——像阻止她前往大西洋城的疼痛、失去丈夫、兒子的事。每位長者多少都有這種複雜的感覺，不過對王萍來說，由於語言隔閡的關係，這些問題特別明顯。

這裡顯然有些和逆境有關的啟發，其中的智慧來自對逆境有深刻體會的人。老年學家認為，老年智慧的一個特色是可以傾向於維持複雜的感覺，不試圖去紓解。這其實是體認到，人生用不著盡善盡美也可以很好，而且人生永遠不可能盡善盡美。麻煩是常事，而擺脫某個麻煩，我們並不會因此就快樂，只是讓另一個困境脫穎而出。

康乃爾大學的卡爾・皮勒摩區分了「雖然……卻仍然快樂」和「唯有……才會快樂」這兩種態度。[32]一個是老年的優勢，另一個則是年輕時的苦惱。「雖然……卻仍然快樂」代表選擇快樂，雖然體認到問題，但並不會讓問題阻撓滿足。「唯有……才會快樂」是把快樂歸因於外在境遇——唯有我更有錢、少一點疼痛、有更好的配偶或房子，我才會心滿意足。「唯有……才會快樂」讓大眾花數百萬美元買樂透或衝動購物，然而完全不會令人快樂。相較之下，王萍並不期待自己的苦難過去，所以沒把快樂寄託在苦難過去的情況。王萍說她年輕一點的時候，以為搬去美國能解決她的問題，結果她發現又有其他的問題取而代之。其中的智慧是，別期待沒有痛苦和失落時才會快樂，而是要接納痛苦與失落，從而覓得快樂。

聽似簡單，我卻發現這實踐起來最挫折。我人生中大部分的成就（尤其是專業上的成就）都是歸功於我拒絕不滿足——不接受困境，而是努力對抗。困境當然從來沒少過，只是以新的面貌出現，但奮鬥本身就是一種驅力。和王萍與其他長者相處，使我不得不重新思考這些成就與我投入的努力。活了八、九十歲，這些還有多重要？我和長者相處的一年中，沒人提起自己的專業成就——真是意想不到，畢竟我們花了不少時間工作或執著於工作。喬納斯・梅卡斯仍然在創作傑出的作品，但就連他也沒提工作的事。長者也從來不提他們克服過的阻礙。不知怎麼，這些事似乎不再是人生的指標。他們大多樂於退休，只懷念工作場所的同事情誼。他們談的都是家人或親近的關係，而且不是用衡量個人成就的方式來看待這些關係——畢竟即使他們的孩子更關切、更顯赫，他們也不會更愛孩子。

研究者相信，我們都有一個常態的「預設值」或平均的快樂程度，我們一生起起伏伏，都在那個程度上下。如果發生了某件好事（例如贏得樂透），我們會開心一下，但終究會恢復和原本差不多的狀態。挫折也一樣。這個預設程度根據的似乎是基因和環境的某種組合，也難怪有些人在糟糕的境遇中還能快樂，有些人即使在令人嫉妒的境遇中也悲慘至極。但有些證據證明我們不受制於預設的快樂程度——我們可以靠著經常表達感激或做出利他行為，並且不因煩擾而悶悶不樂，提高預設的快樂程度。王萍維持好心情的方式，是接受她的痛苦是人生的一部分——不會阻礙快樂，只是會伴隨著快樂發生。要是她這一生有什麼安樂可言，也會伴隨著關節炎疼痛和她的其他失落。她說，快樂是「你有個好地方住，有足夠的錢花用，還有一個好家庭。就這樣。年輕的時候，你要實現你的夢想。我是去旅行。這世界好美妙、有好多面貌。你該去世界各地旅行，把錢都花在觀光。」

＊＊＊

王萍滿嘴忠告。她說，要趁年輕，多看看這世界。多賺錢。多花錢。要會找樂子。別過度沉溺而犧牲健康或穩定的財務。要安於你的人生。有一天，她說：「能工作就是福，可以讓你更長壽。」她時常提到，為人生的盡頭做好準備，她的意思是金錢上的準備，不是心態上的準備。「最重要的是讓你最後的日子有錢可用。」王萍說。「這邊有個住戶是中國來的鄉下人，她不肯談葬禮的事。她說：『我死了，就讓他們把我丟進垃圾筒。我幹麼花錢辦葬禮？』」那一年裡，王萍重講了幾遍這則軼事，態度總是不以為然，並且很自豪自己已經做好別的準備。

王萍和韓國安養中心的金善一樣，不相信老年會令人有智慧。「年輕人應該比老人家厲害多了。」她說。「多虧科學，事情天天都在變。現在都可以上月球了。老人家沒辦法思考那種事。年輕人從以前的事物中得不到什麼樂趣。這世界不斷進步，以前的事物大多都不在了。」

不過她也說：「你年輕的時候，不懂快樂或悲傷的意義。」她和其他長者一樣，這一生中已經失去許多，因此知道即使最糟的別離，也只有在她的允許之下才能使她絕望。一天，她提到最近有位鄰居過世了，另一位鄰居搬到一間失智症患者照護機構。她說，兩次別離她都很傷心，但這種悲痛也有療效。「會令你心碎。」她說。「不過本來就是這樣。人生太平順也不大好。要訓練你的頭腦去面對艱難的挑戰。事情過去之後，就要放下。下次要記取教訓。我從失去中學到很多。如果你從沒遇過不好的事，遇到時就不曉得該怎麼處理。」

我拿我的人生和王萍比較，震驚地發現我有好多「需求」，但她沒有也過得去——專業上的成就、父母的認可、婚姻、健身房時間、農夫市集的特定嫩葉生菜、所費不貲的公寓。雖然我並不想放棄這些，但是和王萍相處的過程讓我明白，那並不是真正的需求。這些需求讓我耗損大量的時間和精力，卻偶爾才有回報。即使喪失一點行動能力（我的腳底板拉傷，所以右腳穿著矯正鞋），但我受的影響不如預料中那麼大。我的人生仍然屬於我，我仍然過著自己的人生。王萍的一個啟示是，我可以堅持這些「需求」，但我判斷價值時，依據的應該是那些事物本身的價值，而不是視之為我害怕失去的東西。不同的工作、不同的住所，或是感情遇到一些波折，並不會徹底改變我的人生。那些不像我想的那麼重要。

年中某一天，我們在中國城的一間點心坊，我問王萍她會給年輕的自己什麼建議。王萍邀我和她女兒伊蓮一起出去，伊蓮住在紐澤西，當時六十二歲。伊蓮說她和母親在一起的時候，時常想到自己的老年。她說：「我看著她，想著自己老的時候會是什麼模樣。我想我不會像我母親這麼健康。她看起來比我還健康。她一天到晚做運動，我很懶。」王萍的老人公寓提供頻繁的運動課，她過去幾年都有參加，但我遇到王萍那時，她說她懶得運動了。伊蓮說，去年她注意到母親的記憶力變差，而且最近更常失憶。這一天，王萍似乎因為出門而疲憊又興奮，潮溼的氣候令她關節發疼。她說她最近在讀席尼．薛爾頓（Sidney Sheldon）的小說，她很喜歡，因為她會沉浸在書中角色的喜悅與絕望中。

「我會告訴年輕人，別想著你老的時候會怎樣。」這建議似乎不只是給年輕時的她，也是給她的女兒。「一直想著老了、老了、老了，沒好處。老了當然很悲哀，或者有些好的地方、有些不好的地方。誰知道呢？所以我要年輕人別想那麼久以後的事。想想接下來的事。怎麼維持良好狀態、健康、賺錢，怎麼正確地運用金錢，別亂花錢。沒必要想老了會怎樣。讓自己健康、強壯、好好賺錢就是了。」她開懷大笑，像要驅散所有自憐的意味。她說：「這世界愈來愈美好，我的人生也愈來愈美好。」

＊＊＊

運氣也有幫助。二〇〇五年，王萍偶然在中文報紙上看到曼哈頓的格拉梅西公園附近有一棟新的老人津貼公寓，租金最多收取住戶淨收入（扣除醫療支出）的百分之三十。第一波申請的人數超過七百人，但王萍第一批獲選。她甚至得到一間二房的公寓，並且幫忙管理不會說英語的中國住戶，得到每週五十美元的薪資。而她的一位新鄰居告訴她，她可以申請免費的居服員。她說，這些津貼讓她「獨立」，不用和女兒一起住。她工作、通勤到將近八十歲，覺得自己現在有資格享受政府的資助了。

她找到的那間卡布里尼公寓附帶社工人員，偶爾舉辦活動，還有一位公寓經理菲爾・迪恩斯。菲爾會刻意和住戶熟絡。住戶會私下幫彼此注意可以利用的社會服務。王萍稱菲爾・迪恩斯為「老闆」，而迪恩斯說王萍和官僚系統打交道的能力一般般，包括居家照護機構、輔助大眾運輸服務和食物券。他說：「王萍知道那些事，卻不知道怎麼利用。」他又說，但她非常外向，會去找老人公寓的社工人員。

雖然王萍有健康問題（主要是關節痛），但她設法把心思放在其他事情上。一天，她說：「我都不想死亡的事。想死亡很糟糕。躺在床上很舒服，但我會說，動起來！我鼓勵自己爬起床。不容易。但我需要動動。老人家最好學著不要太常抱怨，別人不會安慰妳，你得安慰自己。」

她做了取捨。她不愛運動，所以在窗沿照顧花草，讓身體多活動活動。她的老年醫療保險處方藥物計畫（Medicare Part D plan）不再給付治她關節痛的利多卡因（lidocaine），她就把剩下的貼片切成小塊，用泰諾綜合感冒錠（Tylenol）來補足——疏緩的效果足以讓她參與日常活動、打麻將了。麻將也迫使她活動手臂、動動腦，讓她待在她如魚得水的社交世界。她說，經常打麻將就不會無聊或寂寞。有一次，她摸贏一圈後，請其他人把麻將牌推向她，因為她手伸那麼長會痛。她說：「麻將對健康的好處可多了。會動腦，會動到身體，雖然只是動到雙手。」她說，好日子就是「我打麻將打贏的時候。我很開心。我們不是為了錢而打麻將，打贏讓我頭腦更好」。

我問王萍長壽的祕訣是什麼，她說：「最重要的是，要讓自己快樂。我確實有過不順的時候、辛苦的時候。一輩子裡當然有好有壞。兒子死後，我有兩年都睡不好。連續兩年每晚都這樣。之後我想到我還有很棒的女兒，所以我調整心態。我很滿意在這裡的生活。可以住這棟公寓，我非常幸運。」

像老人一樣思考這方面，王萍給我的啟示是：盡量有彈性，要不斷調整目標以及你心目中人生值得活的原因。比較年輕的人，可能因為取消了去大西洋城之旅而失望透頂，一心想著那趟旅程應當會讓她自己覺得很特別。但王萍釋懷了。她知道怎麼放下曾經重要卻不再重要的事，選擇從她身邊現有的事物得到快樂。

這啟示讓我的人生單純多了。滿足我無意義的需求其實很辛苦，一旦開始放下那些事，反而能專注在比較值得或長久的事物上。我也能不再因為覺得有些事該做卻沒做，而感到自責。就讓別人去練習日常的正念（mindfulness），或是替我的銀行對帳單找個碎紙機吧。在農夫市集找到特定的嫩葉生菜倒是能繼續做，這事不難，而且我可以吃得好。不過我生命中的其他事物就不是這樣了——我半數的衣物和其他所有物、工作上或社群媒體上的爭執、某些讓我消沉的朋友或家族成員——我放下他們，不再追念。

年輕人常常無法理解年長者眼中重要的事。一九九三、一九九四年，四間大學醫學中心的研究者詢問年逾八十歲的住院病患，他們希望以目前的健康狀況活一年，或是在超級健康的狀況下活比較短的時間。[33] 接著研究者詢問病患的醫療委任代理人（時常是子女），他們覺得病患會怎麼回答。這是在測試年長者（尤其是有嚴重健康問題的人）有多重視自己剩餘的生命。對代理人而言，答案顯而易見——患病的八旬長者當然不想把時光耗在醫院病床上，寧可活得健康一點，但短一點。然而長者的回答出乎他們意料。大部分的長者說，為了換取超級健康的身體，他們最多只願意放棄一個月的時間；百分之四十的人說，他們一刻都不想放棄。對他們來說，時間比健康更重要。一年之後，再度訪問那些病患，他們願意換取超級健康的時間更短了，平均兩星期。

失智症是許多年輕人最深的恐懼，但二〇一〇年英國心理健康基金會（British

Mental Health Foundation）調查了四十四名失智症患者的生活，報告指出即使罹患老年痴呆的人，對生活品質的評分也遠高於他們的代理人。[34]研究者原先認定患者會依據病況來評估自己的生活品質——心智衰退得愈嚴重，生活品質就愈差。這是代理人的觀點，他們通常是家中的照顧者，覺得爸爸的生活品質低落，而且每況愈下。然而失智症患者對自己人生的看法不同，他們對生活品質的判斷是依據自己做了什麼（例如和同伴或家人相處、讓自己動動腦、享受自然），而不是他們失去了什麼。他們不認為失智症是最重要的事。

研究者的報告指出，「失智症對生活品質中情緒、感覺和心理健康這些方面的影響，可能和我們預期的不同」。即使失智症惡化，使患者的記憶或認知能力更加衰退，他們對自己生活品質的評分仍然不變。研究者不僅稱之為「違反直覺」，也是「重要的發現，尤其是現代人愈來愈常立下生前遺囑，其實是在預測自己活在某些狀況下的感覺」。失智症顯然使許多患者的照顧者的生活品質變差，而說到阿茲海默症和其他失智症造成的摧殘，我們最常聽到的是照顧者的聲音。

王萍五月生日時，已經覺得狀況好到可以中午去吃自助餐廳，然後晚上和女兒晚餐了。之後在夏末時，她得知一個驚喜——她的女婿和外孫要從中國來玩，打算去大西洋城。他們打算帶個她從未見過的曾外孫一起來。王萍因此重新思考她的疼痛。那些疼痛真的完全無法處理嗎？或者她能為了見到家人的喜悅而忍受痛苦？對她來說，哪個重要？三小時的車程，對她而言不再是人生中最大不了的事了。她雖然知道她得吃苦頭，最後還是決定去大西洋城。事後，她說那是她那個夏天最明智的抉擇。她說：「非常開心的時候，什麼都會忘記。我們走了一整天。我都忘了我會痛。」

不過這一年裡，王萍的一些變化很明顯。她的談話更不連貫了，要維持思緒有點困難。之後在二〇一六年二月，出現了令人擔憂的警訊。她打電話給我，說要跟我說非常重要的事，不能耽擱。但我到她公寓時，她已經不記得自己為什麼打電話給我了。她笑自己腦袋不靈光。她說：「老了，記憶力不管用了。」但這樣的失憶顯然令她擔憂。這是個新變化，這計畫中的六名長者總是可能出現這樣的變化。她緩緩站起來，環視房間，很意外自己想著想著就斷了思緒。思緒哪去了呢？然而她絕對還是從前的王萍，是由漫長生命的許許多多片段建構出的人。她看過朋友患上失智症，現在她的一片拼圖不見了，她為了掩飾尷尬而哈哈大笑。所以她明天會忘記更多嗎？或者她這生已經看過太多，仍然不斷前進，而這只是生命中失去的另一樣事物？最後，她終於想起來了，她要我去跟公寓管理員反映她的新油氈地板不好。這是老年秩序與衰退的角力——王萍的記憶逐漸失序的當兒，她卻有股衝動想繼續塑造自己的世界。

事隔幾個月，我再次造訪時，她完全沒有腦子不清楚的跡象。記憶力和年老就是這樣，有好日子、有壞日子，不論好壞，都無法保證明天會是什麼樣子。她清清楚楚地說起她在毛澤東政權下的生活，當時買米還要糧票，她也說起自己在這間公寓的第一年。她的下一個生日即將到來，或許再去一次大西洋城——她不確定。我之前去的時候，她會拿出她歐洲之旅的紀念品向我炫耀，包括捷克共和國的一個酒杯，那些紀念品提醒著她是誰——即使很少離開公寓，但她仍然是個旅行者。

居服員拿出王萍年輕時的照片，王萍哈哈笑。「她想讓你看，我以前多漂亮。」王萍說著繼續笑。「都過去的事了。我已經是老太婆了。」

然而她仍然努力讓自己變得更好。她請我教她說英語。她說，現在學東西還不遲。她問：「如果你我是多年的好朋友，我們可以說：『我想念你』嗎？」

她現在看油氈地板看得很順眼了，何況之前地上是發黴的地毯。她說，這難道不是一大改進嗎，由此可見自己能住進這棟公寓有多幸運——這難道不是另一個值得開心的理由？她一直這麼做——隨著境遇而調整她對這世界的期待，而不是與之對抗。她就是這麼選擇快樂。即使她記憶空白的事，也給她另一個慶祝的理由。

她說起油氈地板，「很乾淨，對我的健康比較好。」說完她又笑了。「也許我會活久一點，你就得多來幾次。」笑聲有如瀑布般傾洩，久久不歇。那是我最後一次聽她那樣笑。

第9章
約翰教我們的事

「我沒有為了什麼事而難過，可是我受夠了。」
「其實，我希望沒有來世。我無法想像任何事永無止境。我想念華特，希望來生可以與他相遇，但我知道不可能。其實想起來還滿安慰的。一切都有結束的一天，我不覺得這有什麼不對。」
——約翰・索倫森，九十一歲。

約翰・索倫森教了我們最難的一課——如何接納死亡，同時繼續活下去。他並不憂鬱，其實沒自殺傾向（雖然他有時說希望自己主動求死，但他並沒有那麼做），時常開開心心的。他回味自己一生的回憶，從在紐約上州的童年，到與華特・卡隆的長年戀情。他住的公寓完全按自己的希望來布置，這對他很重要。他只是想死。他說：「我已經有了美好的一生。起初我很遺憾事業沒做更大，但我有華特，那就不重要了。我們共度了很棒的一生。」但他說，活了九十一年之後，「現在人生給我的補償已經不夠了。我很樂意結束此生。」

二〇一五年初，我遇到約翰時，知道了如何在不造成痛苦或折磨的情況下殺死一個人。

我不在這裡分享做法，不過網路上到處都是類似的有用資訊。幾年前，我考慮過殺死我母親。那是她第二次脊椎融合手術之後的事——那次她差點因為感染而送命，她怪我和我弟弟同意插餵食管，讓她活下來。我剛從伊拉克回來，回到我的婚姻和我在紐約的生活。手術之後，母親摔了一跤，手術位置上方的脊椎有個壓迫性骨折。醫生解釋道，脊椎骨經年累月會變得疏鬆，因此像鬆脆的海棉一樣破碎。任何療法都無法讓脊椎骨恢復良好結構。

接下來幾個月的疼痛令我母親不堪消受，侵蝕著她的生命。疼痛宛如大海，而她陷溺在其中，看不到邊際，也無意靠岸。她痛恨物理治療，討厭刻意用會痛的方式做動作，止痛藥的舒緩效果愈來愈差。一位疼痛管理專家建議電燒她脊椎周圍的一些神經，減緩一點痛苦，改善她的心情。但疼痛死恢復燃，比起之前有過之而無不及，現在已經沒有靈藥能帶給她希望了。一天，她的看護更換她身下的看護墊時，她頭朝床腳倒在床上，躺在那裡呻吟。

那時我開始收集協助自殺的資料。我心想，那是我欠她的。

幸虧從來沒走到那一步。她老人公寓的醫生提高她的止痛藥劑量，直到她終於可以自由活動，後來她逐漸恢復了原先的生活——和同一群朋友吃晚餐，偶爾坐著老人公寓的廂型車出去，每週上西班牙文課和陶藝課。多虧她那輛電動滑板車，她的活動力可以滿足她的需求。她的看護提供了陪伴與慰藉。問題是她仍然想死。後來，她告訴我：「我好恨。對上帝的信心沒了。我不認為上帝愛我，要我這樣活下去。我現在多少還覺得是那樣。」當生命只剩躺在骯髒的看護墊上扭動身子，我覺得想結束這樣的生命是情有可原。但如果生命中充滿那麼多辛苦贏得的慰藉，想從這樣的人生中解脫，不是太任性了嗎？

她不以為然。她引用了首老詩，說是詹姆斯・喬伊斯（James Joyce）之作：「我這麼老，這麼累，想順流而下到大海。」她說，她有用的歲月已經過去，眼前只看到更多的痛苦和衰退。「我是這麼看的。可能目前我只是害怕吧，不知道。但那情有可原。誰都不想撐太久。」

每次我造訪約翰時，都會想起我母親。約翰矛盾的一個地方是，他愛聊天，所以即使聊想死的事，他也開心。他小時候常因為太多話而惹上麻煩，上了年紀之後，他老愛說這個故事，說這故事之前還通常已經先沒完沒了地聊上好一陣子了，而且說話的人多半是他。即使聊的是死亡，他也面帶微笑，愈來愈有生氣，然後不久就換到別的話題。約翰和我母親不同，雖然目前能享受的樂趣不多，但他似乎樂在其中。有一次我上門前不久，他在大都會歌劇院（Metropolitan Opera）的廣播裡聽了女高音桑德拉．拉德娃諾夫絲基（Sondra Radvanovsky）唱威爾第的《假面舞會》（*A Masked Ball*），他說著說著整張臉都亮了起來。「我想那之後我魂不守舍了好幾天。」他說。「我好久好久沒聽到那樣的歌聲了，好像整個人都活了過來。她唱完之後，我興奮了一星期。」

他似乎很訝異，雖然他已經力不從心，但這世界仍然會誕生那樣的美好（新的絕妙女高音之神）。音樂能讓人渾然忘我。不過幾天前，他在收音機上聽到葛倫．米勒（Glenn Miller）的〈珍珠項鍊〉（A String of Pearls），突然感動得在廚房獨舞：「我終於站起來，扶著冰箱，想隨著音樂跳舞。太美妙了。音樂令我興奮，令我快樂。」

我剛開始拜訪約翰時，他每次講起自己想死，我就會指出那些令他快樂的事，說那些是他活下去的理由。他難道不想再聽一次強納斯．考夫曼，或是見見他火島的朋友麥克和約翰嗎？為何是今天，不是三天之後，或三年之後呢？這是我的自動反射，是朋友心情低落時我們會說的話——開心點，至少你不必在大太陽底下挖樹樁。我提醒約翰他朋友希望他活下去，好像問題在於他不知道有人愛他。我反映的是我們文化中推崇奮鬥者的觀念——永不投降，永不放棄，奮鬥到底。放棄似乎有點懦弱或誤入歧途——或從身心醫學暢銷作家迪帕拉．喬布拉（Deepak Chopra）美好正能量的眼光來看，是想像力的失敗，因為我們任何人都可以成為「開拓者，探索那片……老年、衰老、疾病、死亡不存在，甚至不可能發生的地方」。[35]死亡或許是人人必經之路，卻也是少數令人羞於渴望的事。

然而約翰從不動搖。他想死的欲望並不盲目，也不是固執己見。他比較像一個歌手在唱完自己的歌之後沒戲可唱。那又何必留在舞臺上，在泛光燈下氣喘吁吁汗水直流，沒別的可付出，也沒任何好處呢？老年的劣勢愈來愈嚴重，他愈來愈渺小，而他對抗這些劣勢唯一的獎勵是隔天有機會可以繼續與之對抗，但隔天他將更加淒慘狼狽。而且人真的會縮水——約翰從前身高一百八十公分，但他上次量身高時只剩一百七十三，他覺得那之後他又縮水了。他說：「我已經準備走了，再給我一、兩天就好。」或許他再兩星期就會死，或許還會活個三．七年（那是九十一歲美國人的平均餘命）。總之，剩餘的時日對他毫無意義。他能為朋友付出的都付出了，他留得住的，他們也給夠了。

我和約翰相處的過程中，逐漸發現接納死亡（甚至渴望死亡）並不會貶低他剩下的日子，反而因為時日不多，每一天變得更有意義。接納死亡解放了他，讓他可以活在喜歡的事物中，不會為了他想做卻不能做的事而苦惱。所以聊想死的事，他也開心。死亡讓一切都有了意義。他能見某個朋友的次數有限，所以每次見面都很難得。每一刻都極度充實，不像年輕時那樣飛逝而過。看老電影讓他想起父母、華特，或他迷戀的老牌影星達納·安德魯斯（Dana Andrews），或火島的一場派對——也可能同時想起所有的事。既然他不相信來世，死亡對他而言就是結束，而不是過渡期或目的地，所以他眼中的死亡沒有形象或顏色，只是必然發生的事。沒必要去想當下之後的事。他不冀望更多，也不想冀望更多。他覺得那樣的希望沒意義，他已經沒那個胃口了。

心理學家瑪莉·派佛（Mary Pipher）在她充滿同情心的著作《可以這樣老去：航向老年國度，兩代結伴同行》（*Another Country: Navigating the Emotional Terrain of Our*

Elders）寫道，人到了老年會「尋找他們的立足之地。他們會問：『我的人生有什麼意義』，『我沒虛度人生吧』，『我對其他人而言有什麼意義』，『回顧過去，我有什麼引以為傲的』，『我愛對了人嗎』。而且他們會尋找他們自在、有用處、受到關愛的家園和鄉里。」[36]據我所知，約翰完全沒這麼想，至少我遇到他的時候沒有。他跳過了質疑的階段，因為答案對他不再有任何意義了。他知道自己喜歡什麼、覺得重要的是什麼，以及他失去而再也無法追回的是什麼。想到自己再也沒用處，他就受不了，而知道有人愛他，他也不覺得有多安慰。即使他之前曾經尋找過他的立足之地或歸屬，那樣的努力也是過去的事了。至於他放棄的事，他已經看開了。他說：「我總是打算等我老了要看書、彈鋼琴，現在卻都辦不到。你知道你老了要做什麼嗎？」

每次去拜訪他，他就會帶我複習愉快的記憶，有時一再重複同樣的那些事。他的人生是個小珠寶盒，小雖小，卻璀璨奪目。他說著兒時對家具的熱愛，說起一九三五年他十二歲時在收音機裡聽到女高音克莉斯汀・弗拉格斯塔（Kristen Flagstad），從此發現他在紐約上州的家鄉小鎮之外有個廣大的世界。他最愛的歌劇當然是華格納。有一天，他說：「真希望你認識我年輕時的母親。」他從這麼一句話，就能開啟一段旅程。厭倦、恐懼、憤怒、嫉妒、傷害、背叛、寂寞——這些都不存在於他的記憶中。他記憶中有的是愛與性與溫情，和朋友共度的時光，以及他和華特一同建造的一間海邊小屋。他對死亡有一種看似病態的執著，卻也成了享受剩餘時光的捷徑。既然死亡屬於不可改變的一連串事件，那麼接納死亡就使得約翰的人生更有條理。否則就會不平衡，就像不協調的和弦，或是沒鋪好的床。約翰想像最後的拼圖各歸其位，最後終於對稱、整齊而完整，就覺得欣慰。

＊＊＊

「你記得大戰嗎？」四月的某一天，約翰問我。「我很難想像成年人不記得大戰或大蕭條，總覺得那只是昨天的事。第二次世界大戰啊，我朋友都不記得了。我記得珍珠港遇襲的時候，我正在熨隔天上學要穿的褲子。誰都不知道珍珠港在哪。我們只知道我們有地方遭到攻擊，不知道珍珠港在哪裡。那時我在家。當時的我很講究穿著。」

我們一向坐著談話，那時正坐在約翰最愛的兩張椅子上，是他從前親自裝上椅墊的路易十六矮扶手椅，後來他雙手太僵硬，無法修理，所以已經破損了。椅子難坐得要命，尤其對約翰來說更是如此，他坐到椅子上、從椅子上爬起來都很辛苦，但他不肯換成比較實用的椅子。他說，人再老都會在乎外表。前一天，他試著跟看護走去街角，但才走幾步就沒力氣、害怕了，得由看護攙扶回家，兩腿疼痛顫抖。約翰說起他的看護：「他想把我扛起來，揹著我，可是我不肯。我還沒準備讓步到那種程度。我想，我討厭讓步吧。」約翰看著我，說：「知道嗎？我看不到你。我只看到一個影子，其他什麼都看不到。」除了看醫生，那差不多是約翰最後一次離開公寓，最後，出門就是去醫院了。

我和約翰相處的一年感覺像是對上個世紀的美國做了一場特色巡禮。他因為心律不整所以沒參戰，不過他活過了大蕭條、杜魯門時代（他是反對者）、尼克森時代（他是支持者）、性革命（他生活淫亂），見證同志平權運動萌芽。約翰原本討厭貓王，後來在電影《情歌心聲》（*Loving You*）裡看到貓王，從此愛上他。一九六九年，石牆酒吧的顧客反抗警方臨檢的時候，約翰說火島一致覺得那場反抗只是讓事態變得更糟。約翰想到同志居然能結婚，總覺得驚奇。他和華特已經登記為同居伴侶，證書收在浴室，一旁是一張泛黃的一九九〇年剪報，寫的是華特經營的書店「以薩克・曼多薩」（Isaac Mendoza）即將歇業的消息，那曾是紐約市歷史最悠久的書店。他們倆是一同老去的老男人，對他們那一代的人來說，這可是雙重的成就。二〇〇九年，華特以為自己便祕而去看火島的醫生，當時他已經比家族中最長壽的人多活八年了。

安・科恩布盧姆是華特的外甥女，她坐在約翰的公寓裡，說起她舅舅華特：「他是快樂的那個，你是悶悶不樂的那個。」

約翰說：「他沒比我快樂。我們倆都很快樂。」

華特進出醫院和康復中心幾次之後，在二〇〇九年十月十一日於家中過世。最後的時光，他不再閉上眼，即使睡覺時也睜著眼睛，所以很難分辨他什麼時候有意識，而他的呼吸慢到幾乎無法察覺。談起那晚的事，約翰似乎不覺得難過，或許是因為事情已經過去了，或者這種時候反而讓他覺得和華特非常親近。約翰說：「有一次，我進去之後說：『我不知道』。我分不出來。我離開，過一陣子再進去，那時就很明顯了。那晚很難捱。我打了九一一。警察過來。我狼狽不堪。我永遠忘不了警察人有多好。打了好多電話，才找到醫生來宣判自然死亡。等了至少三小時殯葬業者才有辦法過來。直到他們點頭，警察才放手。」

如果他們結婚了，約翰就有資格得到每個月大約三千美元的遺屬撫恤金。然而紐約直到華特死後才承認同性婚姻，約翰的社會安全給付和一小筆養老金加起來大約只有那筆錢的半數——幾乎不足以支付房租，更不用說生活開銷了。安就這麼開始在約翰的生命中扮演了新的角色。

我遇到安時，她六十一歲，有股原始的能量，除了她，我沒看過別的女人在電子郵件中回覆她要怎樣的手槍皮套。除了照顧約翰，她的正職是美國郵政署的犯罪調查員，並且統籌照顧她的母親和她丈夫的雙親。她公公九十六歲，罹患嚴重的失智症；她婆婆將近九十歲了，照顧著她公公。而安的母親住在麻薩諸塞州的一間照護機構，她說，她「是那邊狀況最糟的」。任何事情出了差錯，安都會接到電話。如果你生命中有個安．科恩布盧姆，是你走運。沒有的話，你最好找一個。

對安來說，華特舅舅和約翰是住在紐約市的時髦伴侶，對戲劇和音樂無所不知。約翰的品味超凡，什麼都能修理。安說：「直到五年前，他每天都做一百次伏地挺身。」

約翰差點大笑出來。他說：「我現在不行了，根本沒辦法從地板上推起來。」在安身邊，約翰的幽默感都回來了。安雖然不喜歡約翰說女人當不了總統，但還是任他說。

約翰說：「妳在某個冬天來到火島，那時沒有自來水，我們都有牛奶罐，就把罐子帶到鎮上去汲水。沒有熱源、沒有煤油燈。感恩節的時候，我們全都穿著外套、戴著手套坐著，度過一段很開心的時光。」

安說：「我想那跟酒精很有關係。」

他們共享的幸福時光，美好得讓約翰覺得不可思議。

安一下就接管了約翰的財務，申請高齡公民房租凍漲，把約翰的戶頭遷到公寓附近的分行，規劃他的醫療照顧，從不同的機構替他找來一位居服員和兩名探訪志工，並且申請醫療補助保險計畫。一次住院後，約翰的醫生囑咐他請一百天的全天看護，結果約翰不讓他們碰公寓裡的任何東西，他們只好坐在不希望他們在場的這個男人身邊。但安並沒有因此氣餒。我遇到安的時候，她已經準備再申請一次（而且覺得約翰也準備好了）。

八月，安在約翰的公寓裡說：「約翰其實是我四位老人家之中狀況最好的人，但最難搞的也是他。可是事情就是這樣，都是協調。在人生這個階段有他們是個恩賜，但也很有挑戰。有時壓力很大。」

安雖然在，但那天約翰過得不太順。我到約翰公寓時，他的上臂有一片鮮紅的瘀傷，一腿的腳脛包著染血的繃帶。廚房一個櫥櫃上有一道血痕。他站得搖搖晃晃，不記得自己是怎麼跌倒的。

約翰說：「我今天原來可能摔個二、三十次，但我都有穩住。」他的聲音顫抖，幾乎像輕聲細語。安帶他坐上他最愛的一張椅子。

她說：「所以才要用助行器。那種時候就要把助行器拿出來用。」

他說：「我用拐杖了。」

「用拐杖還是會跌。拐杖只是讓你變三條腿而已。」

「我討厭助行器的樣子。如果妳把助行器放在這房間任何地方，會把我逼瘋。我受不了。太難看了。」

沒完沒了。他們都知道彼此要說什麼，但安緊追不捨。

「我告訴他，如果他跌倒、摔斷什麼東西，他的生活就會發生劇變，會讓人擔心他能不能繼續待在這裡。因為他一旦摔斷什麼進了醫院，接下來的事恐怕我就無法控制了。」

安檢查約翰的手臂和腿，看有沒有其他瘀傷。他們倆心知肚明的事，她沒說出口——她會盡一切可能讓他活下去，別進護理之家，但不論她下多少功夫，這一仗她遲早會輸。

＊＊＊

美國高齡人口的故事大多很像安這類人的故事，這些親友提供非正式的照顧，通常沒受過訓練，投入大量的時間和金錢。未支薪的照顧者提供年長者或失能者百分之九十的長期照顧，他們大部分必須兼顧工作、家庭和其他責任。[37]蘭德智庫公司（RAND Corporation）二〇一四年的一個研究估計，美國人每年花三百億小時照顧年長親友，因此損失五千五百二十億美元的薪資或時間。[38]美國國家衛生研究院（The National Institute of Health）警告，提供照顧「會造成長期的身心壓力，伴隨高度的不確定性和不可控制性，可能使得工作和家庭關係等等多個生活領域產生次級壓力，時常必須保持高度警覺。提供照顧十分符合慢性壓力的公式，甚至在研究慢性壓力對健康的影響時，被當作一個模式」。[39]然而報告指出，提供照顧對照顧者也有好處，「支持、幫助他人對健康的益處可能相當於獲得支持的益處。」

約翰跌倒，以及導致他跌倒的一連串狀況，顯示了照顧的網絡有多麼脆弱。

約翰完全仰賴安經常探望他、居服員和兩名友善探訪志工的每週訪視。安調度誰來幫他，並且管理他的財務；三名探訪者陪伴他，替他辦點事，包括幫他領藥。我總是避開他們在的時間去找約翰；約翰不希望他和艾力克斯、馬可斯與史考特相處的時光受到任何打擾。

八月初，安的婆婆病倒了，必須住院一週，因此她的公公（患有嚴重的失智症）會獨自待在住家公寓裡。安和丈夫兩人每天輪流照顧他十二小時，但安不會開車，因此即使是她丈夫負責的時段，她也無法離開那裡。她發現這可糟糕了。她說：「我該繞著房子散散步。照顧人一陣子，就會知道這種事。」

安忙著她公公的事情時，約翰的一名志工照顧者為了參加婚禮而有一週沒來，另一人去度了一個小假。居服員再來的時候，約翰的抗憂鬱藥查諾頓（trazodone）已經吃完了，幫助睡眠用的抗憂鬱劑也沒了。藥房也沒有庫存，必須再訂購。

約翰獨處太久，愈來愈焦慮，少了藥物更睡不好。最後他終於在廚房跌倒，除了疲憊，其他狀況也脫不了關係。安來到他公寓時，發現他流著血，青一塊紫一塊，而且很寂寞。但她陪了公公一星期，也精疲力竭了。

她替約翰補齊了處方藥，從他很愛的一家老餐廳買披薩帶給他，她替他清掉腿上和廚房櫥櫃上的血跡，扶著他走去浴室，說：「可不要再發生意外了。」她搜索房子裡看看還有什麼危險。「我擔心的是他服藥的事，因為我進來之後，發現地上到處都是藥丸。他看不到藥丸，會把藥丸弄掉。他最需要規律服用的是心臟的藥，如果他不記得自己吃過了沒，可不能再吃一顆。他跟醫生說過，如果他不記得吃過了沒，他乾脆就再吃一顆。」

安聳聳肩。安的婆婆回家了，但安的母親因為吃了番茄而住進麻薩諸塞州的一間醫院，她吃番茄總是容易鬧結腸炎。

「她老是說：『我就喜歡番茄。』」安說，她母親總是愛受醫生關注，所以進醫院算是一種社交之旅。「事情變得……」她思考恰當的措詞，「……很有挑戰性。」她說完嘆了口氣。

不久就會有更多危機，她的四位長者之中，有三位會出問題。

＊＊＊

華特過世那年，約翰八十六歲，很健康，可以維護海濱小屋和公寓，甚至可以在院子裡用鏈鋸。然而二〇一〇年勞工節後不久，事情急轉直下。約翰跪下來撿公寓地上的某個東西，突然就站不起來了。之前他沒有任何不適，但他身子不斷滑下去，最後趴在地上。約翰說：「一開始啊，我覺得這真是太蠢了，我只是起不來而已，最後我怕了。」他記得不知怎麼上了救護車，告訴急救人員別碰他，讓他死掉就好。結果罪魁禍首大概是西尼羅病毒（West Nile virus），年長者的免疫系統反應緩慢，無法負荷。三個星期間，約翰意識一直時有時無，在康復中心待到快要感恩節。他回家時，肌肉因為久未使用而虛弱，二〇一四年，也就是我遇到他的一年前，他完全沒再去火島了。他消化系統有併發症，上歌劇院或劇院都不舒服，所以也沒去了。

還有朋友來紐約看他，但他的世界變小了，帶來最多新樂趣的事物逐漸消逝。

我拜訪約翰的那年，他的目標是在城外和朋友共度感恩節，但他早在三月就說他不覺得自己的狀況好到可以去。他不想因為糟糕的飲食習慣或他習以為常的腸胃狀況而出醜。約翰欣然把華特病弱歸咎於疾病和老化，而不是個人的失敗，但他卻很少對自己這麼寬容。朋友家有他畏懼的一條石子步道和階梯。他甚至無法按自己希望的方式打扮，這對他仍然很重要。接下來的七個月，他對出席感恩節聚會還是很悲觀。不過，他說：「那是唯一一件我真心期待的事。」

十一月時，約翰覺得身體好到可以去，甚至在桌邊用餐時用得了刀叉。他最親的朋友都去了，那些朋友都比他小個二十歲，因為他這年紀的人都不在了。一個月後，他們全聚到約翰公寓附近的一間餐廳歡慶他的九十二歲生日，他曾希望自己過不了這個生日。安的孫子來了，因此是個四代同堂的聚會。雖然前面提過那麼多大災難，但約翰這生並沒有嚴重的健康危機，只是肌肉和器官逐漸退化，短期記憶出現更多空白，睡眠問題愈來愈嚴重，還有行動力逐漸衰退。

約翰是活得長，還是死得慢呢？我母親希望從糾纏不休的疼痛中解脫，相較之下，約翰卻覺得太空虛，不覺得活下去有什麼意義。既然已經知道所有臺詞，而且再也看不到影像，何必再看一次他最愛的電影呢？每次觀看的體驗總是不如從前。

他說，他現在期待的是自己和華特的骨灰一起撒在火島。他為比他早過世的朋友做過這樣的事，他確定朋友會為他做同樣的事。

「我覺得那是個好日子。」他的口氣若無其事。「真的。和我非常好、會難過的朋友很少。不過我想他們會知道我要的是什麼，所以不會太糟。我一點也不怕。有一晚，我有某種感覺，我心想，耶穌啊，我身體發生某種怪事，可能現在就要死了，但我一點也不擔心。」

＊＊＊

約翰堅持他沒什麼好傳授的，年輕人跟他這樣的人可以學到什麼呢？最簡單的答案是慈悲和同理心；和約翰共處的時光總是很值得，讓我體驗到另一人的人生。讓他人看到變老是怎麼回事，也要勇氣；而他不喜歡依賴人，卻讓自己依賴安，這是一種慈悲。我最後某一次去看他時，問他下次我母親說她想死，我該怎麼回答。

他苦惱了很久。這表示要想以後的事，要思考別人的人生，而他平常不做這種事。「他們說，他們還不想讓我走。」他知道別人對他說的話雖然不能改變什麼，卻提醒了他，讓他想起他們之間的友誼，以及共度的美好時光。約翰說：「她記得她大部分的人生嗎？她的人生美好嗎？」

我想，約翰的人生之所以美好，多少是因為他能把記憶塑造成美好人生的故事。約翰從來不覺得既熱愛人生又想結束人生，有什麼矛盾之處。讓其他人（比較年輕的人，他們無從得知老了是什麼情況）自以為是地判斷你有沒有權死去，一定很痛苦。怎樣的社會才會對自己的人民做出那樣的事？怎樣的朋友、怎樣的兒子才會那樣？我母親說她想死，最理想的反應或許是告訴她我愛她，而且會永遠愛她。這我正在努力練習。

那次拜訪之後，安跟我說，約翰不記得誰來看過他。他知道那人帶了錄音機，但不確定是不是我。我心想，某方面來說，我其實並不在他身邊，至少不像他話中充斥的那些故人那樣。從某種角度來看，華特在那裡，我卻不在。我心想，那才對，不過斤斤計較的人可能不以為然。我們最後某一次談話時，約翰說了他摔斷腿，獲准不上體育課，然後跑去跳舞，跳吉魯巴時被體育老師逮了個正著的故事。他說起那故事，仍然笑得一塌胡塗。他當然不記得我。他快死了，這他很清楚，他有其他那麼多事要記得，要把足足八十六年的歲月塞進他所剩無幾的時光中。

二〇一五年初，我們第一次見面時，我覺得他是我遇過最消極的人。但我錯了。約翰．索倫森教我們的一課是，接納死亡就是接納生命；要接納生命，就要活在喜悅中，即使你的處境再糟糕也一樣。

第 10 章

海倫教我們的事

「我曾經在你這個年紀，你從沒活過我這個年紀。」
「以前我會同情去護理之家的人。我父親從前總是說，那裡會毆打病人。但這裡沒人會毆打人。最後父親甚至不認得我們了。」
——海倫．摩瑟斯，91 歲

海倫．摩瑟斯有種溫和的特質，不信的話，問她就知道了。比方說，一天她跟我說她在護理之家交新朋友的事。她說：「像那個女生，以前我說她很胖，現在她是我最好的朋友。她很熱，我不是存心刁難，我說：『胖子通常很暖』，所以她說我是渾蛋。後來我又遇到她時，她狠狠瞪我一眼，我說：『喔，妳還是很胖啊。』現在她和我熟了，喜歡我了。她跟我說，她女兒明年十一月要結婚，我給她滿滿的祝福。但她還是很胖。」

說來意外，海倫教我們的事和社交手腕與人際關係有關。

那是個五月的午後，海倫說她因為紐約大都會隊輸了，所以整晚沒睡。每次大都會打贏，她就讓她床邊的霓虹標誌亮個整晚，這次霓虹標誌卻暗淡而孤零零地掛在她後面。她東聊西聊，也說到護士晚上把霍伊趕出她房間，說著說著，她突然丟下一顆震撼彈。

「我想要結婚。」她說。「也許我們夏天會結婚。」

那次我帶著兩位同事一起探訪她，一位是攝影師，另一位是錄影師，她有可能是想讓他們留下深刻的印象，但她說得很明確，而且似乎已經思考過了。她說，在她這個年紀，「一起虛度時光有什麼意義呢？」

她說雖然自己和霍伊是《我的夢幻婚紗》（*Say Yes to the Dress*）那個尋找完美婚紗節目的粉絲，但她第一次結婚時已經穿過婚紗，所以她不會再穿婚紗了。霍伊坐在她床邊的輪椅上，一隻手伸向她的手。問起霍伊覺得結婚如何，他似乎很意外被人這麼問。霍伊說：「我覺得不錯啊。」給他一點時間思考之後，他變得比較熱情。

「感覺像完美的天堂。」他說。「真的是。根本就是天堂。她和我是天作之合。」

「騙人。」海倫說。霍伊似乎大受冒犯，他說：「為什麼？」

海倫說：「那泰瑞莎呢？」泰瑞莎是指泰瑞莎·卡普托（Theresa Caputo），她是旅遊生活頻道的一位靈媒，人稱長島靈媒（Long Island Medium）。她有一大頭金髮。霍伊又沉默下來。

海倫說，他們的紅銅琺瑯班上還有個女人想跟霍伊親熱。海倫瞪了霍伊一眼，看不出霍伊有沒有注意到，他們很可能偶爾就上演這一幕。他們的感情和許多人一樣，似乎建立在熟悉而既定的戲碼上，就像比較長久的關係建立在共同的記憶上。

我問海倫，她嫉妒嗎？她說：「才不會。我的行情好得很。」不過海倫的氣勢去得快。她承認她還沒跟女兒柔伊說自己想結婚的事。她說：「我太緊張，抓皮膚抓到都流血了。」說完她振作起來。「反正不重要。我想做什麼就做什麼。」

我和海倫相處的這年有個連貫的劇情在發展中——計畫婚禮，和柔伊發生衝突，之後做出某種決定。總有一方得退讓，而且很快就得退讓。然而一個月一個月過去，事情卻沒這麼發展。海倫先是說不會有婚禮，後來又說可能會有。接著婚禮又取消了，然後又要辦了。老倆口每個星期天依舊會看《我的夢幻婚紗》，柔伊每星期來探望，不過事情並沒有往任一個方向發展。每次我問海倫情況如何，她的答案都不一樣。

我花了一年的時間，才明白這種懸而未決的狀態蘊涵了多少老年人的智慧。這牽涉到老年縮短的時間觀——海倫未來的時間有限，所以不需要和霍伊開啟新生活，尤其是那樣可能造成她和柔伊之間的問題。海倫需要更多她目前擁有的事物，即使必須擱置衝突也無妨。如果是比較年輕的女人，未來還很長，就可能深信改變比較好，因此把進展看得比其他事情更重要。但是對海倫來說，停滯能帶來更多注意和關心。延緩戰爭能維持熱情，又不會無法回頭。或許這不算天才之舉，但只要打過不必要的仗，就能看出其中的智慧。海倫雖然專橫，看事情卻看得很清楚。和她得到的比起來，失去霍伊或柔伊一點也不值得。她把她生命中的人看得比抽象的原則更重要。

這一年裡，最奧妙的莫過於她教我們的這一課。愛她的人有兩個，他們各自以不同的方式愛著她。她的智慧是找出他們想要給她什麼，並且創造出讓他們能給予的情境。

我問海倫，她覺得自己有智慧嗎？

聽我這麼問，海倫莞爾。「從來沒人說我有智慧。」

***

我剛開始尋找年長者時，特別渴望遇到在老年找到新戀情的人。八、九十歲時的愛是什麼模樣呢——長年婚姻中的愛立基於共同的經驗，不過我要問的不是這種愛，而是如果進入一段交往關係的伴侶雙方都知道這樣的愛無法持續太久，那會是什麼情況？那年紀的人，怎麼向另一個人敞開心房？河谷區的希伯來之家很難找到新伴侶，原因很簡單：待在那裡的平均時間大約兩年，最後的時光通常不像住在海邊小屋那樣愜意。海倫和霍伊是例外，海倫炫耀了一番。「我總是很快樂。」她說完，開始解釋她對快樂的定義：「不想任何不好的事。放下一切。不過年輕人太年輕了，不會懂。」

希伯來之家成立於一九一七年，原先是哈林區一小間猶太會堂裡設給貧困老移民的一個庇護所，位在哈德遜河的坡岸邊，是個發展得很雜亂的舒服地方，有大量募款活動的告示，希伯來之家靠著這些收入，提供超出醫療補助保險計畫能支付的照顧。每次海倫和霍伊討論結婚的事，海倫總是說，她雖然討厭那裡的食物，但她不想離開那裡。一天，在「歡樂合唱團」的活動結束後，海倫說：「我可不想離開這間房間。」這對伴侶和其他十來個人要錄製歌曲做成CD，分送給住戶和親屬。「霍伊，你會跟我一起吧？你保證過的，記得吧？」不過她有時也會抱怨其他住戶的事，或是抱怨自己住在安養機構。

「我有時候想回家。」她說。「可是沒辦法。我沒地方可去。」

像希伯來之家這樣的安養機構直到近年才出現。十九世紀前，幾乎所有的醫療照護（包括照顧年長者）都在家中進行。[40]缺乏家人支持的老人會淪落到簡陋的公立救濟院，那裡替孤兒和精神病患、酒鬼、寡婦和太窮或太虛弱而無法照顧自己的人，提供遮風避雨的地方和最起碼的食物。這些機構的存在也是為了避免大眾和窮人彼此侵擾。二十世紀，隨著醫療與社會計畫進步，兒童從救濟院搬去了孤兒院，精神病患搬去了精神病院或療養院，可醫治的病患去了醫院，最後救濟院成了貧寒長者和嚴重殘障失能者的最終歸宿。一九三五年通過的《社會安全法案》（Social Security Act）提供一筆補助金，讓還算健康的老人離開救濟院，獨立居住。剩下那些年老失能的住戶，這下子有政府幫忙支付照護的開銷，因此形成了私人經營的「安養中心」

（rest home），和「療養中心」（convalescent home），名字取得討喜，它們是現代護理之家的先驅。一九五四年，全美有二十五萬個護理之家床位，到了一九六五年，也就是詹森總統簽署老年醫療保險生效那年，有將近五十萬個床位。到了二〇一四年十二月三十一日，有一百四十萬美國人住在護理之家，不過近十年來的數字稍微下降。[41]對一些人而言，照護機構讓他們可以脫離子女而獨立。

新的護理之家和育幼院、監獄可以歸為同一類機構，這類機構裡，人們身在和自己差不多的人之間，在同個屋簷下從事各種活動，依中央管理機關的法規來管理。按照年齡和體能狀況來區分住民，成為機構要達成的目標而不是惡習。護理之家的首要目標是讓最虛弱的住戶活下去，維持健康，並且壓低支出，但這目標有時會與住戶的目標牴觸。安全與效率優先於其他的顧慮。比方說，雖然很多住戶可能會想喝酒，或不用跟人交代而自由來去，但那裡不可能有雞尾酒吧；出入大門不可能不受管制，否則會有安全疑慮；不能下午四點吃午餐，職員無法處理。

柔伊為了確保海倫在護理之家從來不覺得自己被拋棄，因此每天打幾次電話給她，一星期探望她一、兩次，時常和海倫那層樓的鄰居來往。對海倫來說，女兒經常探望是值得驕傲的一件事，其他住戶時常很長一段時間沒人來看他們。海倫有伴侶也有女兒，兩人都對她忠心耿耿。海倫說：「有些老人一個人住，沒人來幫忙他們，或是讓他們開心個幾小時，我真為他們難過。人人都該有個像柔伊這樣的女兒。」而且海倫時不時和其他住戶不和，所以員工不會忘了她。海倫喜歡引人注意。她常說：「即使你沒看到我，也會聽到我的聲音。」

海倫住進護理之家的前四個月，柔伊探望她時，時常一個人獨占她。之後，霍伊突然就出現了，而他不肯讓她們倆獨處。他時常插嘴轉移話題，講個好一陣子才講完。霍伊不良於行，到哪都需要人推著他，看在柔伊眼裡，覺得他限制了母親的活動。柔伊說，海倫老是不顧自己的需求，以霍伊的需求為優先，不過柔伊的需求呢？「我想要好好享受我和母親在一起的每分每秒，這樣有什麼不對？其他人每週七天都能占有我母親。我來的時候，只要有人靠近我母親，我的防衛心就很強。要說那叫自私，我也認了。我想要和母親共度時光，有些我想和母親分享的事，我不想讓別人知道。」

那是個寒冷的春日早晨，霍伊正在上每週的紅銅琺瑯課，因此柔伊可以和母親獨處。她們周圍擺著母女在各種年紀的合照、其他親戚的照片，以及大都會球隊的霓虹標誌。海倫從她位於紐約上州的房子搬來的時候，柔伊幫著她把她的所有物簡化成了這麼一點。柔伊說：「我母親就是這樣的人——她的家庭、孫子女、和我父親的過去，還有我父親的照片。」柔伊沒提到霍伊。我在柔伊身上看到了海倫從前的那種強勢。海倫說：「她很像我，可是她比較漂亮。」

海倫搬到另一層去的時候，柔伊交代院方讓霍伊也跟著搬家。萬一海倫跌倒，或是感冒了，柔伊會督促院方治療海倫，而且海倫和其他住戶爭吵時，她會幫忙說情。海倫和某個男人為了一份報紙起衝突時，他推開她，但柔伊叫她放下。

柔伊說：「知道嗎？你們兩個都有錯。」

海倫說：「這次我沒錯。」

柔伊說：「妳說了算。不過妳就大人大量，別老想著這件事吧。」

海倫早已習慣周圍的人都比她年輕，對她來說，進希伯來之家等於突然置身於同齡的世界，其中有許多是罹患失智症的人。她不介意呆板的時間表，但她時常抱怨其他住戶。「我討厭這邊的一些人。」她說。「有些人沒腦袋，而且這裡沒有任何受過教育的人可聊。」

我逐漸發現，這就是海倫興風作浪的模樣。她的另一面交友廣闊，會參與團體活動。她在歡樂合唱團唱歌，走過走廊時就像校園裡的風雲人物，和其他住戶打招呼，為他們解答霍伊的問題。

她對一個男人說：「他明天會進醫院。要動疝氣手術。」

他說：「霍伊年輕到可以照顧妳了。我說過，我不會跟霍伊爭。他人太好了。」

海倫說：「他比我年輕二十歲。」

「喔，那他可以照顧妳了。」

霍伊讓海倫有機會動動其他的肌肉。老倆口餐餐一起吃，一起在歡樂合唱團唱歌，晚上在海倫房間看電視。兩人都算健康，海倫以前總是瘦巴巴的，這下也長了一點肉。她每天化妝、戴首飾，去護理中心的髮廊做頭髮；她開玩笑說自己迷上了一位駐診的醫生。「我覺得待在這裡沒那麼糟。」她說。「不過也有難過的事。我遇見一些好人，後來他們死了。我和他們成了朋友，然後他們死了。我常常哭。隔壁的太太啊，她人實在很好。她有個很棒的家庭，家人以前總會來探望她。她死的時候，我哭得好傷心。她從來不麻煩任何人。我也從來不麻煩任何人。」

＊＊＊

如果說約翰．索倫森對抗的是認為自己沒用的感覺，海倫的挑戰就是恰恰相反。她覺得有兩個人需要她，而且她乾脆地承認，她也需要他們。霍伊和柔伊的需求既複雜又時常互相牴觸，但兩人都很清楚，需要海倫達成的事就這一件事她辦不到——維持現狀，不要退化。一天，柔伊在海倫房裡說：「我不知道少了我母親，我該怎麼辦？我只有她了。她以前是強悍的女人，現在已經軟化多了。」對海倫而言，「軟化」是相對的概念。

海倫喜歡說柔伊抓到她和霍伊在床上的事。她說他們只是在看電視，沒做別的。「從頭到尾他都待在他那側，我待在我這邊。結果她跟霍伊說：『滾出去，回你房間去。』於是他就走了。我才不管，我年紀比她大，我曾經是她這年紀，但她從來不曾在我這個年紀。」

柔伊急忙表示她之所以反對，是因為海倫的雙人床躺兩個人太窄了，她不希望她母親跌下床受傷。不過另一天，海倫在談話中提到性的時候，柔伊說：「我不想聽。」

「感覺我們的角色對調了。」柔伊說。「這是三明治世代。現在是我在照顧她，她照顧了我這麼多年，我不是出於內疚才這麼做的，我這麼做是因為她是個偉大的母親。去年我跟她去郊遊，感覺棒極了。我回家的時候，說我好高興她在這裡，而且她很幸福。」

柔伊還有其他顧慮，尤其是她母親開始說要和霍伊結婚之後，我覺得這是情有可原。如果他們結婚，霍伊就有機會成為海倫醫療決定的代理人，而柔伊不認為霍伊像自己一樣有資格。柔伊還說，她母親為了照顧霍伊，被拖慢了腳步，而且耗去不少精力。柔伊說：「她對說出自己的煩惱有顧慮，可是卻會理直氣壯地替霍伊要求他需要的咖啡。她會滋養別人，但她不夠照顧自己，這是她一輩子的問題。」

海倫說：「誰來把她攆出去。」

「我只是說，妳太照顧別人，不夠照顧自己，那是個問題。」

於是海倫有兩個人要應付，他們對她都很重要，也忠於她，但兩人陷入毫不讓步的競爭。柔伊帶海倫出去慶祝她生日或節日時，她們會拋下霍伊。霍伊很少有自己的訪客，因此海倫想到要拋下他就很難過。一次生日出遊之後，海倫說：「他沒跟來，我好難過。我不想去的。」柔伊說她不覺得有必要邀請霍伊，而且她不確定自己能不能應付兩個人。對海倫來說，霍伊的需求也是他吸引人的一個因素。在她這個年紀，有人覺得你不可或缺、你能給的別人給不了，那種感覺很美好。

她們有些相似之處：海倫督促員工多照顧霍伊，而柔伊為海倫做同樣的事。柔伊年輕時，海倫不贊同柔伊的男友，這下子柔伊還以顏色了。兩個女人都不會輕易放手。

一天，海倫說：「對他好一點。別那麼冷冰冰的。」

這不是海倫第一次這麼說了。柔伊說：「我完全是為我母親才來這裡。我很高興有人和妳一起分享人生，讓妳開心。我不會光是動一張嘴說，這傢伙不適合妳。他人真的很好。但是好男人又怎樣，我只在乎我母親。他是誰都沒差別。我來這裡只是為了跟她共度一小段時間。」

海倫的談話主題總是回歸失落這件事——她母親在將近半世紀前過世；她剛搬進

護理之家時對她很友善的住戶不在了；她和兒子關係疏遠。談到上述的任何失落，她都說：「我會哭。」她也擔心認知能力變差，她可能繼續活下去，卻不再是她自認為的那個人。她對抗著這些失落，而她和霍伊如火如荼的關係像在捍衛永恆。他們的感情似乎在說，並非所有事物都會消逝。年老未必會讓你失去你重視的事物，有時反而會找到那種事物、好好珍惜。停滯很好，我們比較年輕、期待未來的改變時，價值觀最重視的是進步，然而對九十歲的人來說，未來只會失去更多朋友或官能，因此進步的意義遠比較小。海倫是為了她當下擁有的事物而活。

七月，霍伊終於動了修補疝氣的手術，手術最初是排在三個月前。手術延後讓霍伊有更多時間擔心手術的事，也給了海倫更多時間叫他勇敢起來，不過是個疝氣手術而已。但海倫也有了更多時間讓自己的恐懼發酵，任何手術都有可能動搖現狀。這對海倫有好也有壞。海倫說，有一次，她以為霍伊要去動手術了，因此很擔心他，哭了整晚。她說，這是個結婚的好理由，因為如果他們結婚了，她就可以待在醫院陪霍伊，然後跟他一起回護理之家。

海倫憂心忡忡，卻也因此確立了她身為霍伊另一半的地位，尤其別人向她問起他的事，或關心她的感覺的時候。她不只是在演繹餘生的老女人，她也在別人的生命中扮演了不可或缺的角色。比起實際和霍伊結婚（這會打亂他們在一起六年來建立的例行公事），更重要的其實是知道她有資格和他結婚。只要有這個可能性存在，她就能得到她需要的，甚至更多——只要不結婚，結婚的可能性就永遠存在於前景中，永不會掩蓋在挑選床單或列出賓客名單這些乏味的家務瑣事間。

疝氣手術很順利。兩星期後我見到他們時，海倫又說起結婚的事，不過這次比之前超然。可能結，也可能不結，有很多事得思考。在此同時，她還有帳要找霍伊算，霍伊保證手術結束後會打電話給她，結果沒打。

她說：「星期五早上，大家都來告訴我，霍伊回來了。所以我大步走進他房間。原本我起床之後，吃藥前都會跑去他房間。有時候我會跳上他的床。」

「是啊。」霍伊說。「你可以把這寫進文章裡。」

「我說啊，『你怎麼沒打電話給我？怎麼不讓我知道？』我沒給他機會說任何話。」

我問她，妳沒給他一個大大的吻嗎？

「當然有。」

＊＊＊

所以海倫有什麼可以效法的？她似乎讓自己和身邊那些人的人生更難過了。但這一年逐漸過去，我發現我完全搞錯了。柔伊和霍伊是她最在乎的人，對他們來說，海倫讓他們的生活豐富多了。許多護理之家預期他們的住戶只會抱怨，許多成年子女也認為自己希望年長父母只負責抱怨就好；但如果海倫只會抱怨，她在他們生命中就不會那麼重要。霍伊讓海倫覺得被需要，同樣的，海倫也讓柔伊覺得自己被需要。海倫不結婚，也不說她不會結婚，於是她得到了她最希望由兩人那裡得到的一切。那年快過完時，我跟海倫說了這件事，她說我想太多了。她只知道她愛霍伊也愛柔伊，希望他們對彼此好一點。

然而她其實已經以某種方式找到了解決之道。她的人生要她做選擇，而她沒挑出任何選項，而是兩個都選了。她沒挑撥兩人，而是把他們安排在不同的時程——她和柔伊每天通電話，每週柔伊有一次長時間探視，霍伊則是日常相處。在剩餘的歲月中，她不需要化解衝突，只要接納衝突就好。海倫體認到女兒太珍貴，不該與她爭執。海倫說：「我只有她了。」所以說要結婚說了一年，她和霍伊並沒有更接近禮堂，那只是讓他們更親密的一種想法（兩人的一種共識），他們用不著真的結婚。

這是和年老完全沒關係的一課。我們太常覺得，只要我們化解了阻礙我們快樂的事，我們就會真正快樂。但總是會出現新的阻礙、更多現在無法快樂的理由。於是海倫選擇擁抱她當下的人生。她並不怨恨女兒多管閒事，或因為自己無法結婚而自怨自艾；她不因為自己的渴望無法實現而把那視為懲罰，放大那種失落。那是人生，而且是她的人生。阻礙只是一種境遇，我們還是可以從中覓得快樂。

海倫教我們的一課，是在動盪中找到幸福，而不是覺得狀況平息之後才能快樂。她不等著外在境遇讓她滿足。對她的生命滿足、善用現有的資源，表示滿足於當下，不為了可能永遠不會實現的未來而犧牲現在。即使她的世界很小，她在那世界中仍然有用、為人所愛。她在她人生的最後一章，就希望待在她的世界；對於還沒走到那一步的我們，那也是很好的啟示——圓滿未必即將來臨，智慧就是在不完美的當下找到圓滿。

第 11 章
露絲教我們的事

「也許我做對了一些事吧。」
「我們散步時，茱蒂要我抓著她，我有點抗拒，因為我通常是自己來，為什麼現在要靠著她？但有時候有她支持的感覺很好。情感上和實質上都是。那種感覺很棒。」
——露絲．威利格，91 歲

露絲．威利格第一次不得不因為年紀而離開她原本的生活，是二〇〇九年她八十六歲生日前後的事。當時她獨自住在紐澤西州愛迪生市（Edison）的雙層連棟住宅，還在開車，會到附近的猶太社區中心和朋友參加活動。她通常過得不錯，但一些小事開始出問題。她家的一個火警偵測器無緣無故啟動，電工修不好，所以她拔掉了電線。地下室的抽水機開始往室內回滲。她想站到凳子上，結果跌倒了。「我太固執了。」她說。「我想抓住什麼東西，但沒抓到，就跌下來。可是我哪裡也沒摔斷。」她還跌倒過幾次，都不嚴重，不過她獨自一人待在屋子裡，要做任何事都得爬樓梯。她已經有兩次心臟病發作，一條腿的循環很差。她的四個孩子當時中年，仍住在當地，他們聚在一起討論母親的事。

「他們要我離開那裡。」她說。「我知道我漸漸老了，但我獨立自主。」她據理力爭不肯離開，但孩子毫不退讓，於是她辛苦搬去布魯克林區公園坡的照護機構，就在她長女茱蒂附近。五年後，那間機構的老闆決定把那裡賣了蓋豪華公寓，露絲不得不從頭來一次，不過這次不是因為年齡的關係，而是對房地產市場讓步。我遇到露絲時，她對那次搬家仍然耿耿於懷。

這一年來，她好幾度跟我敘述這些紛擾，最後一次是在她九十二歲生日前三個月，那是在紐澤西海灘上的一個美麗八月天，炙熱的正午高溫正逐漸緩和為宜人的下午。她和兩個女兒租了棟海邊小屋，待在樓上，她們暫時拋開布魯克林的日子喘口氣（露絲離開照護機構，她女兒則拋下她們的工作），使得日子不再那麼緊繃，所謂「不再那麼緊繃」，意思是她們只稍稍怒罵對方幾句，而且對話中還帶著明顯的親暱。露絲的兩個兒子會積極參與她的生活，不過就像許多家庭一樣，照顧的責任主要落在女兒肩上，兩個女兒一直還未結婚，也未生子。三個女人考慮去海邊棧道散步，不過要走下兩道階梯。露絲喜歡去外面呼吸鹹鹹的空氣，但那些階梯有點棘手。

她說：「只有一個問題——我愈常出去，愈發覺我老了。她們說明年（要再來）。我心想，噢，我的媽呀。」她已經沒辦法在沙地上走路了，她也不喜歡坐在沙灘輪椅上給人推著，即使茱蒂努力說服她那其實不算輪椅。茱蒂說：「只是有輪子的椅子而已。」一來到樓梯邊，兩個女兒想攙扶露絲，她卻揮開她們的手。她說：「我們老是在吵，究竟是讓我先下樓梯，還是妳們在前面幫我。」

茱蒂認為這不算爭吵。茱蒂說：「妳說：『別管我，我自己下去。』所以我們就讓妳自己走了。」

露絲說：「妳們才沒有。」

下到樓梯底，茱蒂問母親的腿痛不痛，露絲說她的腿老是在痛。然後她說起她那些女兒：「有她們在我身邊，我真幸運。我獲得很棒的支持，而且不只她們兩個。夫復何求？有時候我受到太多關注。我和我先生應該做對了一些事。」

＊＊＊

我和露絲的這一年就是這樣度過的。她努力守護自己的獨立，不肯向照護機構或她的子女讓步，也不想用助行器。她婉拒子女幫忙管理她的財務。不過茱蒂帶她去看醫生，或四個孩子中有人來探望的時候，她都很感激。「我們散步時，茱蒂要我抓著她，我有點抗拒，因為我通常是自己來，為什麼現在要靠著她？但有時候有她支持的感覺很好。情感上和實質上都是。那種感覺很棒。」

這一年間，露絲的談話通常可以歸為兩個話題。一方面，她說著「發生在她身上」的事，尤其是她年紀漸長之後的事。這些幾乎都是和失落有關的故事，失去家園是發生在她身上的事，健康衰退、行動力變差也是。她必須離開舊公寓的老朋友，也無法像以前那樣畫畫了。幾個朋友在他們被趕出舊公寓的數個月內過世，露絲把他們的死怪在被迫搬遷造成的創傷。她在兩間照護機構都喪失了自己的隱私，和自己排定行程的自由。她按照護機構的時間表用餐，在員工指定的選項中做出選擇。最糟的是，這些失落預告著未來更重大的失落：人生最後一章的特點，就是自主權和控制力不斷縮限。

其他話題的焦點是她替自己做的事情。這些談話總是很樂觀。她很得意自己學了新的電腦技能，總是跟我說她在看什麼書。她被迫離開公園坡的照護機構時，加入了公寓外的抗議活動，拿的手寫標語寫著：我們這些父母值得更好的對待。她參加新老人公寓的寫作課（這是第一遭），發現一些有趣的鄰居。即使是小事（例如熨自己的衣服或收支平衡），都是值得一提的勝利。即使她沉溺於過去的回憶，沉溺的也是她為自己做的事——養育四個孩子、和丈夫參加方塊舞課、照顧自己的母親和姊姊。如果她回憶過去遭遇的挫折，她也記得自己是怎麼克服挫折的。對露絲來說，老年的悲哀是那些發生在她身上的事，而喜悅是那些她為自己做的事。

多半時候，她的心思比較放在自己的失落。心理學家和行為經濟學家稱這種傾向為「損失規避」，意思是比起我們得到的事物，我們更重視失去的事物——即使那是同一件事物。露絲失去從前的家園時，比她住在那裡時更愛那地方。如果某天早上你找來一百個人，給其中一半的人一片餅乾，給另一半的人一美元的鈔票，之後向每個人提議，得到現金的人可以用現金買餅乾，得到餅乾的人有機會用一美元把餅乾給賣了。大部分的人會拒絕。早上拿到餅乾的人，覺得失去餅乾的損失超過一美元；得到一美元的人，覺得失去一美元的損失超過一塊餅乾。這種傾向使得年輕人高估了老年的損失，認為他們如果喪失目前的能力會活不下去。然而年長者沒有這種餘裕，失落是他們日常生活的一部分，他們只能學著和退化共處。

不過這一年裡，露絲帶出了另一個談話主題，也就是她家人的支持網絡。對他們來說，露絲既是主體，也是客體；會做事，也需要別人幫忙。一天，露絲說：「我常告訴茱蒂，她雖然沒有孩子，但我就像她的孩子。我們之間有種特殊的關係，很美妙。但有時候，她對我的方式好像……我不想說得不好聽，因為她非常關心我。她們都很孝順。」露絲的子女比較年輕的時候，露絲為他們做得愈多，她的人生就愈充實。現在她發現情況變得恰恰相反——她年紀漸漸大了，她的子女替她做得愈多，他們就愈滿足。而她仍然可以替他們做些事。

她扮演了自己不曾預期過的家庭角色。她是家中最小的孩子，年輕時很叛逆，大學畢業之後忤逆父母，去以色列受軍事訓練。現在她是她這一代的最後一人，而且和家族的各個分枝保持聯繫。她因此有種使命感，這種使命感是她在照護機構得不到的，她在那裡真正要做的事只有出席用餐。她唯一的遺憾是她的一些姻親不想保持聯絡。

露絲說：「我是女族長，碩果僅存的那個。他們都會回應我，那種感覺很好。我多少有點自豪。我和幾乎所有的外甥、外甥女都有聯絡，但我夫家的姪子、姪女是例外。我很開心。也許我做對了一些事吧。」她扮演這角色表示她仍然替家人做些事，以回報家人的付出。我遇到她之前，她辦了一個九十歲生日派對，親戚紛紛從密西根州和加州飛來參加。

這個系統中，人人都有施也有受。即使有點辛苦，大家也都甘之如飴；每一方都知道露絲對子女的依賴會愈來愈多，而這並不是失敗，而是成功，是值得嫉妒的事。他們的關係雖然有張力，但這也是常事。

茱蒂經營非營利組織「高地與丘陵」（Heights and Hills），這組織為低收入的年長者（包括弗瑞德．瓊斯）提供服務。一天她在那裡說：「事情並沒有變。我們對彼此大吼大叫，但這有點像唱歌、跳舞。人生走到某個階段，媽媽已經定型了，我也已經定型了。是啊，我們偶爾會激怒對方、會爭吵。但那沒什麼，而且我們都很清楚，家人就是會這樣。」

茱蒂不認為父母和子女老了會調換角色。她說：「父母就是父母，而且永遠都會是你的父母。我們的角色沒有調換，她仍然是我母親，而我還是女兒。她從來不讓我忘記這件事，而我也沒忘。要是我要她做的事她都會去做就好了。教養孩子和照顧年長者非常不一樣。教養孩子是讓他們漸漸有能力出去闖盪，照顧父母卻時常恰恰相反。」

不過露絲還是有些疑問——放棄多少事之後才算失去太多？依賴孩子到什麼程度，會侵蝕到她辛苦賦予他們的人生？她說，活太長命，她多少擔心自己變成孩子的「累贅」，不過孩子還小、依賴她時，她從來不覺得他們是累贅。她雖然重視自立自強，但是和家人有關時，這樣做卻會和其他美德（例如慷慨或互惠）牴觸。所以她不堅持獨立，而是嘗試互相依賴，也就是心懷感激地接受幫助。

互相依賴是一種找尋平衡的行為。孩子能做的事，只要不會犧牲自己的人生，他們都想替她做；他們也希望在安全的前提下，露絲的人生盡可能掌握在她自己手中。露絲想堅持自主，但仍然接受子女的幫助。她需要感覺她在為自己和別人做事。然而即使她叫孩子別付出那麼多，他們依然故我，她看了還是很欣慰。太多與足夠的界線很微妙，而且不斷改變。明天她就可能看不見東西，或是用支票簿時犯了錯；孩子可能有自己的危機要處理。社會學家稱他們之間的這種關係為「有距離的親密」，這種關係需要持續的覺察和不斷重新評估。不變的是，他們總是需要彼此。

在海濱小屋，露絲過去坐下時茱蒂替露絲扶椅子，露絲叫她住手。「瞧，她總是這樣。」露絲說著自己坐下，沒讓人幫忙。兩個女人都沒太堅持。所以她們才來海邊，全副武裝地相聚。我真嫉妒她們。

***

威利格家的人都固執、脾氣暴躁又彼此支持，露絲子女照顧她時那種壞脾氣的溫暖令我嫉妒。我們家族最重視的是獨立。父親和他在阿拉巴馬州的家人幾乎沒聯絡，這為我們定了調。我們家九個人，自食其力、自立更生。我們送報、掃樹葉、收盤子；我們仔細規劃就學貸款，申請理想的提前錄取方案。但美德是一體兩面——我們這家人不會幫助彼此。我們對依賴不以為然，難得表達親暱也戰戰兢兢。我不記得聽父親抱怨過——不論是他的健康狀況、電視收訊、我們的經濟狀況，或是我母親的廚藝。抱怨會把我們的一些負擔轉嫁到別人身上，所以抱怨是一種依賴。我父母都是逃離家庭關係緊密而長久的社群來到紐約市的，這裡的人自主而獨立奮鬥。

我們執行家庭儀式的心態就像一些人上教堂，像在做份內的事，而不是因為感受到聖靈。這麼做平常行得通，但遲早出問題。之後我母親只能靠自己了，而她的三個兒子覺得自立自強是人類存在的目標。我們對家庭的溫暖沒有異議，我們只是不用那種方式來表達，也不知道要去哪學。

逼死我，我也不會想到邀我母親去海邊過一星期。

如果你想為圓滿的老年打造一個終局，可以從家庭支持著手。但要怎麼走到那一步呢？海倫的女兒柔伊提供了一個模式，約翰的外甥女安是另一種模式。他們都是主導型的個性，挺身主導，都願意為了讓海倫或約翰好好活下去而做任何犧牲。威利格家則是另一種支持模式。他們建立了一個網絡，露絲在其中是積極的參與者，既接受幫助，也會付出。他們並不是永遠和和氣氣，但他們也用不著那樣。有些規則他們心照不宣——露絲不因為子女提議幫她而太嚴厲地責怪他們，即使責怪了孩子，她孩子也不以為意。這樣的安排使得露絲在她可以獨立時要求獨立，無法獨立時有個肩膀可以依靠。

茱蒂工作時，給她的員工看心理諮商師兼作家溫蒂．勒斯貝德（Wendy

Lustbader）的一篇文章，幫助他們理解照護關係的難處。勒斯貝德寫道：

受比施困難多了，但美國主流社會很少體認到這一點。依賴的人時常被剝奪付出的機會，他們發現自己必須忍受被動與幾乎不斷讓步的狀態。因此，受幫助的人虧欠得愈來愈多，必須日復一日承受沉重的虧欠感。照顧者載去看醫生、幫忙處理醫療帳單和一堆堆待洗衣物、打電話問候——幫忙的清單可能很長，但可以回報的方式卻不多。依賴的一方也許渴望做些有用的事，卻被責備：「別擔心，一切都交給我們。」[42]

勒斯貝德希望家庭照顧者知道，關係不均衡會造成心懷怨懟。關懷是互相的，照顧卻可能是單向的，對雙方都是一大負擔。不過光是體認到隱含的動態，就可能化解那造成的痛苦。勒斯貝德寫道：「體認到怨恨的好處，是能再度享受病患的陪伴。」[43]

起先我以為，露絲的經驗有我母親可以借鏡之處——如果她想在老年心滿意足地過日子，她只要替自己或他人做更多事就能如願，那用不著是什麼了不起的計畫，可以是志願替盲人朗讀，或替一、兩位鄰居準備簡單的餐食或咖啡。想到你的人生時，要想著你做了什麼，而不是那些發生在你身上的事。但在觀察露絲和她家人的這段日子裡，我意識到該深入學習的人其實是我。我需要重新思考自己和母親的關係——擴大來看，我終究會步入老年，也得重新思考自己和老年的關係。我太急於覺得母親只是依賴，並且只把依賴想成是問題——這問題目前雖小，但絕對會愈來愈大。相較之下，露絲的家庭讓她有空間為他們做更多事，這樣一來反而是替她做了更多事。過程不見得永遠平順，但卻能戰勝罪惡感和怨恨，那讓我和我母親的關係如此累人的兇手。如果我一味付出，而且不甘不願，我只會陷得更深。

露絲給我們的啟示是，其實有另一條路可以走。六名長者之中，她最堅持獨立，但也從她家人得到最多的情感支持，這些情感支持是她的依靠。我發覺自己對母親的不耐煩，其實多少是因為她依賴得很自在。露絲讓人明白，獨立之外還有一片天。她雖然願意自力更生，但她人生最美好的部分是她依賴他人，而且對此表達感激。

那一年間，我逐漸不把我母親視為一個企畫案（這案子註定失敗），而是討人喜歡的晚餐同伴，她見識過這個世界，而且對這世界有些想法。這方面她還能付出。她很風趣，知道我不知道的各種事，包括我出身的那個世界，以及在未來等著我的那個世界。我們並沒有變得和和氣氣，甚至沒有像威利格家那程度的和和氣氣，不過我不再認為兩人相聚只有她一人受惠，不再認為那是我忙碌生活中做出的犧牲。那就只是兩人共度一段時光而已，解決媽媽的問題，或是讓她感念她的人生，並不是我的責任，要不要那樣做，完全由她自己決定。隨著我開始克制我追求完美的渴望和責任感，探望母親也愈來愈愉快了。我母親很幽默，是那種隱晦的幽默感。我離開她公寓時可以心情愉快，不再覺得疲憊。

有時候，在露絲家附近的高架地鐵月臺上等車時，我納悶等我老了會不會有人像露絲家人這樣支持我。但隨著那年過去，我開始思考我已經受到多少支持，而我生命中大部分美好事物卻很少是因為我付出了什麼而擁有的。我比露絲健康，但我們在任何年紀都有侷限，而我們的生活處處有賴他人幫助——那些幫我們開路、發明字母的人；修好影印機的同事或發現了 π 的祖先。他人的幫助隨處可見，覺得接受幫助等於示弱，是虛榮的想法。美國前總統歐巴馬（Barack Obama）曾在一連串造勢活動中說：「如果你有個事業的話——建立那事業的人並不是你。那是其他人促成的。」是宇宙中的各種強大力量聯合起來，讓我能從自己的這張床上醒來，而不是成為敘利亞阿勒坡（Aleppo）帶著五個孩子的寡婦。我何不接納這種相互的依賴和幫助呢？

如果這就是像老人一樣思考，那我逐漸開始接納這種方式了。我在工作上不再拚命爭取事事按我的意思做，而是感謝編輯讓我的文字更完美；我不再覺得自己無所不知，而是開始尋求建言。我更常打電話給母親和兒子，更常問他們問題，而不是給他們答案。他們有什麼需要我的地方？互相依賴對任一方都有益，所以我為他們做任何事，我得到的好處絕對不比他們少。露絲學會接受幫助，她的人生因此更美好。我的人生也可以這樣。當然我也有不順的時候，未來還會遇到更糟的情況，不過露絲教我的是，我不會獨自面對，有些力量會和我攜手共度。並不是說困境不是真的，而是我有資源可以度過；而界定我人生的是那些資源，並非那些困境。

一天，露絲在她的公寓裡描述了最近的一個事件，她覺得那是自我主張的一個好例子。那時，我已經發表了幾篇有關老年人的文章，露絲那間機構的管理人員要求她在我去拜訪前事先通知他們，她討厭極了。她說：「他們在擔心什麼啊？」她發覺自己在打這場仗。她說：「昨天下午還有人來敲門，我說啊，誰都不該做那種事。我堅持盡可能維護自己的隱私，但在這樣的地方很困難。」

她描述的事件始於前一天午餐時間，隔壁桌有個大她幾歲的女人坐在那裡，頭一垂，昏了過去。露絲說，那個女人就這麼昏倒了。員工把她帶離餐廳，她顯然毫無知覺。露絲猜她去了醫院，而送醫總是令人擔心。不過幾小時後，露絲回餐廳吃晚餐時，卻驚訝地發現那個女人坐在她往常的位置。「她說，我自己判斷還不到去的時候，我不肯去醫院。我還有好幾年可活。」露絲暫停了一下，讓我反芻這句話，這是九十多歲女人掌控她人生的方式。「很了不得，不是嗎？」

她和孩子在一起時，更難確定要堅持到什麼程度。從前總是她在幫他們跨越障礙，讓他們不受毒蛇猛獸侵害。現在她知道自己會愈來愈依賴他們，只是時間早晚的問題。她說：「他們都知道，我下車的時候會推開他們。我確實會那樣。現在我不像以前一樣事事靠自己了。我注意到一些改變，滿難過的。我會有實質上的依賴——除了看病之外，我已經有陣子沒出門了，想到就煩，因為我很想出去。一部分是因為，用助行器走路會讓我被劃分成我不想屬於的群體。這很難解釋。有時候我們會都拄著助行器去遊行，我說啊：『老天，怎麼回事啊？』感覺像《金牌製作人》（*The Producers*）那個歌舞劇裡，想讓老太太掏錢的橋段，還有助行器的遊行。我是那樣看自己的。我不喜歡那種描繪方式，但我就是那樣。茱蒂不斷跟我說，我記憶力非常好，確實是，我很慶幸，所以那方面沒什麼變。不過這隻手抖得很厲害，寫字有困難，喝湯也是，我都拿起杯子來喝。而且我動作很慢，像昨天，我終於處理好一些文件。花了好久的時間。」

所以我和露絲相處的那一年，一直看著她調適。這過程和年輕人在新環境的狀況不一樣。露絲從來沒發洩她不得不離開舊機構，或被新機構侵犯隱私的憤怒。但她不像從前在舊機構一樣交到好朋友，也沒找到新社區的魅力。在她所剩不多的時間中，她不覺得她必須為了不喜歡的事而勉強自己。新聞上充斥著凱特琳．詹納（Caitlyn Jenner）和跨性別認同時，露絲沒表達異議——她只是無法感同身受，也不覺得有必要。她說：「跨性別啊，接下來他們會想出什麼名堂？有時我很慶幸我九十一歲了，已經玩完了。從這角度來看，我很慶幸我已經九十一歲，因為我或許用不著面對那種事。」

那年開始時令她惱怒的事（發生在她身上的事），那年結束時仍然如故。但她在新機構漸漸有家的感覺。夏末某一天，她說：「我比較努力了。」陽光灑入她的客廳，客廳正對著羊頭灣的海濤。她從舊機構帶來的一株粉紅天竺葵在窗邊大肆綻放。「我不會放棄。」她說。「還不會。我之前常抱怨這個地方，真的啊，因為改變太困難了，然後我兒子布魯斯來這裡時就說：『媽，看出去就可以看到海景耶。』我醒來時真的會看看外面的海。海很美。所以我現在幾乎覺得這裡是家了。」她說，她現在在思考怎樣能改善她的生活時，「已經想不出任何人還能替我做什麼了。我覺得現在全都看我怎麼做了。這裡的活動我大部分都沒興趣，所以我會自己找樂子。這樣很好。我真的沒在抱怨。我不需要跟一大堆人在一起。」

一天天過去，她有了小小的勝利——學會設定錄影機；讓上衣皺著比較省事，但還是熨了衣服；不讓照護機構的員工雞婆幫忙，仍然維持公寓整潔；不用助行器，仍然出去走走。她開始用型錄購物和線上購物，不讓孩子替她採購。

週末她和家人聯絡，尤其是她的兩個女兒。她和孩子在一起時，可以看到許多生命階段中的自己，而不只是不良於行的九十歲老人。她既是往常的母親角色，也是茱蒂不曾擁有的女兒。有一天，她質疑何必活那麼久，卻想起她孫子參加他高中的一個模擬國會活動，而她還活著，可以分享他的興奮之情。「想到那，我心想，『瞧瞧我孫子，瞧瞧他在做的事』。所以我也很興奮。」那就足以讓她有動力活下去了。她為了她擁有、鍾愛的一切而活，而不是為她失去的而活。

即使她的社交網絡縮水，她也沒說她寂寞。她保有的關係既充實又有意義，而且她設法過濾掉許多在任何年紀都令人惱火的關係。人生苦短，要找到真正重要的人，以及對你有益的關係。她有子女與延伸家庭，擁有一些別人給不了的禮物。她對他們有用處，而他們也珍惜她。雖然她不大能走，但他們並不需要她很能走。

一天，茱蒂說：「所以我實際上替她做了什麼？沒多少。為她提供情感支持吧，我愛我母親，我們都愛。有時候我會幫她弄電腦。她超級獨立。那對她真的很重要，我們都尊重這一點。所以除了開車，我沒剝奪她的任何自由，而她也放棄開車了。她說她不知道她還能付出什麼，其實她現在付出的和她一向付出的沒什麼不同——她給了我們愛。她是我們家的支柱，只是現在她不再為我們下廚了。」

那一年之間，露絲還算健康，但她的精力下滑，冬天再度來臨，白晝變短的時候，她不再出門，更常獨自待在自己的公寓看書，或玩她電腦上的新接龍遊戲。她注意到她的得勝率逐漸降低了。這一年對她不大留情，而下一年只會更糟。

但她享有的獎勵都是她選擇之下的結果。隨著那一年即將步入尾聲，所有長者都一樣。他們對自己遇到的困境（新的疼痛或健康問題，沒人打電話或來訪的那些日子）沒什麼可說，不過他們的滿足可以歸功於他們自己。那可不簡單，但所有長者都設法達成了。

有些時候太辛苦，或是疼痛或失落太難以承受，那幾天或幾星期就是壞日子，那是我們所知、所害怕的老年，誰也逃不過。我在老老年人之間度過一年學到的是，所謂的老年並非不可避免或不可改變，我們對老年都多少擁有影響力，直到真正無能為力的那天到來之前。露絲滿九十歲時，覺得自己揮灑了美滿的一生，這下子可以下臺一鞠躬了，因此興奮得很。她和她認識的其他人不一樣，她沒興趣活到一百歲。她說：「我覺得我達成了某種成就。家人來了，我們辦了場派對。其餘的都是錦上添花。」

這對人生任何階段的年紀都是很好的結語。你永遠不知道追加回合什麼時候開始，但你可以做好準備。話說回來，不論我們二十五歲還是八十五歲，我們都能選擇活在令我們感到溫暖的事物中（例如愛、幽默、慈悲、同理心和支持的臂膀），不是因為這些事讓人生比較輕鬆，而是因為人生艱辛的時候，那些事物最有幫助。就像露絲度過辛苦的一年之後說的：「如果我得離開了，我不會難過。不過我想我沒離開的話，我會很欣慰。」

第 12 章
喬納斯教我們的事

「要信任你的天使。」
「我希望我一百歲時是什麼樣子呢？我理想的樣子是某個從前會來找我父親的老傢伙。他總是爬上我家屋頂，在煙囪上倒立。我問父親那人多老，他說他一百歲了。那是我的理想。」
——喬納斯・梅卡斯，92 歲。

我和長者們相處的那年開始不久，喬納斯邀我去東村一間二樓的小小戲院，去看一個單人（單女）表演。喬納斯當年九十二歲，是那群長者之中最老的，他時不時會寄這類活動的電子郵件給我，在最後一刻通知說他要在一個詩社朗讀，或在A大道的一間酒吧當一個低音電吉他手和鼓手的主唱，或在柏林的一個記者會上發言。他經常跑的酒吧最近被紐約的房地產熱潮吞沒了；他原來喜歡在布魯克林的音樂空間唱歌、吹他自學的喇叭，那裡現在則臣服於風潮，跟著一個個「街區」淪為像威廉斯堡（Williamsburg）那樣的新潮地方。於是喬納斯的夜生活變得每次都不同，不再有固定的停泊處。這種喧鬧很適合他，但他想念那些他可以一時興起跑過去，知道會找到同伴的地方。

東村的表演原來是個單幕的獨角戲〈這是天使的安排〉（That's How Angels Arranged），一字不差地取自某個採訪專題，該專題訪問了一系列對該區有影響的人士。飾演喬納斯的是個二十來歲的女人，名叫莉莉安．羅德里格斯，她頭戴貝雷帽，身穿短夾克，而不是我每次見到喬納斯時他穿的那身藍色法式工人外套。我覺得她把他的立陶宛腔模仿得很好，不過喬納斯和他三十三歲的兒子賽巴斯汀不以為然。

她說：「我來到紐約時像塊乾海棉。當時我二十七歲，所以那很關鍵，真的。」然後她就開始了，演起不斷離題的獨角戲，從立陶宛講到納粹德國，講到布魯克林又講到下東區，最後講到身為年長者在紐約地下藝術世界的生活。我和喬納斯聊天時，他說過許多獨角戲中的事，不過聽著一個幾乎小他七十歲的女人說出、演出來，還是令人大開眼界。她的肢體語言是年輕女子的肢體語言，和喬納斯的肢體語言迥異，卻和那些臺詞與概念異常協調。她以年輕的心靈來詮釋這個老男人，而喬納斯熟人眼中的他正是這個樣子。

獨角戲即將進入尾聲的時候，羅德里格斯飾演的喬納斯把她的人生比喻為美味的燉菜。那個人生的個別時刻和燉菜的食材一樣，獨立出來可能很難吃，或是太辣（她說：「你受不了」），然而一旦全都混在一起，哪樣都少不了。「所以啊，」她說，「我什麼也不想改變。」

喬納斯看了表演陷入回憶的思緒裡，因為經驗與他迥異的人正在敘述他的生平，這通常是他的角色。喬納斯和她一樣，似乎時常扮演他替自己寫的角色，說出臺詞，成為他的角色人格。事後，我們默默走著，找東西喝、找地方聊天。我們經過一間酒吧，喬納斯在一九五〇年代早期窮途潦倒的時候，開始在那裡播放別人的電影。空中飄著毛毛雨，街燈的燈光在溼淋淋的人行道上躍動。

喬納斯回憶表演裡的故事：「大家都說：『噢，你經歷過那些事真悲傷。』其實不是，我很高興自己遠離家園，因為我在最令人興奮的時期落腳在紐約，當時所有的經典藝術都達到巔峰，像是俄國舞蹈家巴蘭欽（Balanchine）和開創美國現代舞的編舞家瑪莎・葛萊姆（Martha Graham），其他事物也持續登場。我見過巨星馬龍・白蘭度（Marlon Brando）、劇作家田納西・威廉斯（Tennessee Williams）和米勒（Miller）；我在四九年來到這裡，目睹舊時代的尾聲，也看到新時代的開端，鄉村歌手約翰・凱吉（John Cage）和建築家兼發明家巴克明斯特．富勒（Buckminster Fuller），還有生活劇場（Living Theater）與『垮掉的一代』。我像海綿一樣，拚命吸收一切。」

我們鑽進他最愛的法式餐館，餐館牆上有他的照片。

＊＊＊

喬納斯．梅卡斯出生在一九二二年的聖誕節前夕，在立陶宛東北的小農村謝梅尼斯基艾（Semeniskiai）和四個兄弟與一個姊姊一起長大。他計算過，村裡有二十二戶人家，總共九十八人。[44]他幼時體弱多病，為了在他家農場幫忙而課業落後，但他青春期時花一學期就補完了五年的課程。喬納斯出生詩人世家，詩作風格深植於立陶宛語和鄉村之中，會自創詞語來捕捉心情和場景。農場裡，他和弟弟阿道法斯（Adolfas）賽跑，練成了在奔跑的馬背上倒立的特技，也在那裡驚奇地看一位老當益壯的訪客爬上梅卡斯家的屋頂，在煙囪上倒立。「他是我的理想。」喬納斯說。「我問我父親那人多老，他說他一百歲了。所以那是我的理想。其實我是在那之後才開始練倒立的。」

如果可以把喬納斯的那股生命力裝瓶販售，這世界的悲慘就能減少很多。他不抗拒老去，而是發揮年老的潛力，統整他所有的過去，進入一個度過漫長人生才能擁有的現在。他十五歲時照了第一張照片，照的是蘇維埃士兵和坦克隆隆駛進他的村子，二十歲時，創辦了一份反納粹的地下報紙，將近二十七歲時移民到紐約，四十六歲拍攝了第一部自傳式電影，八十三歲架設了自己的網站。九十二歲，在二〇一五年義大利威尼斯雙年展（Biennale）中，在當地一間漢堡王速食店主辦了他作品的大型展覽。他九十三歲時最大的煩惱是右腳的雞眼。

他說活這麼長壽，糟糕的是記得他那年代的人一年年愈來愈少，所以總是找他來說老故事。他寫給我的一封電子郵件裡寫道：「他們問我，你怎麼全都還記得？我說，怎麼不記得，那是我的人生啊，除非年輕時把自己的人生、自己的身體搞砸了，否則全都記得很正常。他們問我，我是怎麼永保青春？我說，靠的是酒、女人和好歌。不過，我同時又是僧侶，我活得像僧侶……但那是很正常的事！不唱歌、不跳舞、不喜歡詩、對靈性的東西沒興趣，那才不正常！我非常非常正常。而且我很快樂。快樂是正常的狀態。」

喬納斯時常說他不愛思考，思想是世上最糟糕的事，因為有想法，就會按那些想法做事——他在蘇聯占領的立陶宛和納粹德國看過這種情形。所以他盡可能完全按直覺來行動，早上起床完全沒有那天的計畫，像移動目光一樣移動攝影機的鏡頭，讓場景自動展現。「我不是很愛自省的人。我來自農家（鄉村生活），那裡的人們單純地生活，不分析自己。比較像集體生活，比較像存在、活著，和朋友與鄰居交流。之後，隨著我成長、離開村子，才開始自我分析和反省。但我生性還是不會分析自己，即使在用影片和文字記錄生活時也一樣。用影片和文字記錄生活是很以自我為中心的，讀阿娜伊絲・寧（Anaïs Nin）和亨利・米勒（的日記），會覺得非常自省、錯綜複雜，但我不是那種人，所以我的日記沒那麼私密。」

這種生活方式的一個矛盾之處是，這樣其實需要極為強烈的使命感和方向感，否則你的作為會淪於隨機的噪音。喬納斯的價值觀很直接了當、始終如一——他喜歡音樂、自然，與朋友歡慶，相較於醜惡與存在主義的絕望，他喜歡藝術與美。他最知名的詩〈謝梅尼斯基艾田園詩〉（*Idylls of Semeniskiai*）寫於德國的一座難民營，詩中做著立陶宛鄉村生活的白日夢，在那裡，「年老正是雨水沖刷灌木樹幹，／是夏日紅色黎明裡松雞聒噪——／年老正是我們這番談話。」[45]他以此為圭臬，因此永遠不會停止工作，但也永遠不會開始工作。他時常說：「我只是去做。」他不刻意去想、去拍攝、去寫作——只是活著。

一天我來到他的閣樓時，發現他正在為巴黎的一個展覽翻看他電影的鬆散鏡頭。他說：「我在一座農場長大，當時我們不覺得我們在工作，我們只是在做當天必須做的事。我們必須種下某些東西，替某些牛擠奶。蘇維埃來了，組織工人之後，才有工人的概念。突然之間，所有人都是工人了。但在那之前，我們並不是工人。所以我長大之後，繼續做從前我一直在做的事——只是做必須做的事情。」

又有一次，他說：「農人培育各種東西，我培育的是詩和聖人、歷史、美與藝術。那是我的選擇。」

***

老年的一大奧祕是，為什麼有些人能像喬納斯這樣，即使同齡的人都慢下腳步，他們仍然繼續成長、茁壯？如果這事很簡單，那麼應該人人都辦得到。遺傳或許是看似顯而易見的答案，但實際上的影響似乎不如預期那麼強。目前有些相關的研究，其中有個丹麥雙胞胎的研究發現，壽命的差異只有大約四分之一是受基因影響。[46]抽菸習慣、創傷、壓力和其他因素也有影響，不過許多神經緊繃的菸槍仍然繼續享受非常圓滿的人生第三幕，遵循瑜伽健康生活的同齡人士卻在走下坡。

康乃爾大學的卡爾．皮勒摩說：「這是最奇妙的問題。為什麼人們會這樣？我想我們還沒有答案。據我們所知，有些人正如你預期，有些則出人意表。」

藥商、化妝品製造商和生活風格行銷者都很樂於把「抗老化」或「逆齡」的產品賣給你，幫你「逆轉時光」或「返老還童」，全都是以讓你掏空荷包的超划算價格。但再多的神奇除皺霜也不會讓你變成喬納斯．梅卡斯。好消息是，更有效的辦法更容易實行，而且比較實惠。

貝卡．R．利維（Becca R. Levy）是一位耶魯的精神科醫師，她發現人們對老年的態度和他們在晚年的狀況之間，有著驚人的相關性，效應早在中年就開始顯現。有個研究是讓受試者回答這個問題：「你想到老人的時候，最先想到的五個字詞是什麼？」[47]由回答來判斷受試者對老年的看法。對年齡看法比較正向的人如果失能，恢復的可能性和抱持負面刻板印象的人比起來，高出百分之四十四。在其他研究中，利維和她的同事發現對老年看法正面的人，血壓較低，壓力較小，平衡能力較佳，比較容易發展出健康的習慣，得到經常的醫療照護。而且他們平均會多活七年半——那是真正的青春之泉，不用開立醫囑。

喬納斯也免不了會抱有負面的刻板印象，但他用更多正向的連結來彌補，例如在他家煙囪上倒立的百歲人瑞，或愈老愈德高望重的聖人。甚至他不想與無聊的討厭鬼為伍，主要也是因為他們很無聊，而不是因為他們老了。

五十五歲的尤翰・庫格勃（Johan Kugelberg）是一位策展人兼檔案保管員，二〇一七年出版了喬納斯的文字與照片合輯，書名為《與佛雷・亞斯坦共舞》（*A Dance with Fred Astaire*，暫譯）。他形容喬納斯是「反安迪・沃荷，像歐比王・肯諾比（Obi-Wan Kenobi）一樣對抗沃荷這個達斯・維德（Darth Vader）。他從來不屈服於黑暗勢力，所以是我的英雄。因為喬納斯的關係，我也不會屈服」。

喬納斯這樣的人靠著某種生命能量而繼續前進，派翠西亞・波伊爾（Patricia Boyle）是若許大學阿茲海默症中心（Rush Alzheimer's Disease Center，隸屬於芝加哥的若許大學醫學中心）的神經心理學家，她稱這種生命能量為使命感。研究者一再觀察到，覺得自己人生有目標的年長者和對此不以為然的人比起來，通常活得更長、更圓滿，也更健康。這個結果並不奇怪——健康狀況差，或有失智症的人，比較不容易覺得他們能改變什麼。所以使命感可能是健康造成的結果，而不是原因。

波伊爾和她的研究者著手探索使命感和阿茲海默症之間的關聯，一般認為年過六十五歲的九個美國人之中有一人會罹患此症，而且至今沒有有效的療法。首先，研究者在八年間測試了一千四百名年長者的記憶力，同時評估他們對人生目標感受的強弱。人生目標的測試方式是由研究者問受試者，他們同不同意這類的說法：「有些人在人生中毫無目標地遊蕩，但我不是那樣的人。」

和先前的研究相同，八年的研究過程中，人生有目標的人和沒目標的人比起來，記憶喪失的情況比較輕微。不過一些人過世後，波伊爾檢查了他們的腦部，才愕然發現這種關聯的本質。阿茲海默症使得腦細胞死亡、組織萎縮，這最可能是形成所謂的斑塊和纖維糾結的結果。斑塊是乙型類澱粉蛋白（beta amyloid protein）在神經細胞之間的沉積，似乎會阻礙神經細胞用突觸傳遞訊息。纖維糾結是神經細胞中的扭曲蛋白鏈，會扼止養分到達細胞，使得細胞逐漸死去。

隨著研究參與者死亡，波伊爾的團隊解剖了那二百四十六顆腦子。他們發現，人生有目標似乎對於腦部是否會形成斑塊和纖維糾結沒有影響——充滿目標的腦子和覺得世事毫無意義的腦子，惡化的速度相同。但研究者回頭看那些腦子的記憶得分，卻發覺表現大不相同。有使命感的人，記憶測驗退步不多——即使腦部的細胞損壞程度和失智症患者相同。這表示，有目標不會防止你產生阿茲海默症典型的斑塊和纖維糾結，不過似乎會防止或延後症狀發生。波伊爾的解釋是，有使命感會讓人產生一種「保留區」，讓腦子的一些部分形成其他路徑來傳導信號和養分，維持功能。使命感愈強，保護效果愈強。

「這是終生受益的好處，但老年時發生的不尋常情況是，目標導向有助於延遲不良的健康狀況。」波伊爾說，好消息是任何年紀的人都可以學著建立人生目標，這可以自己學習，或是藉助簡單的介入。目標不論強弱，都對你有益。波伊爾說：「這多少是讓人坐下來思考：『我希望我的人生最終是什麼樣子』，『我希望我留下怎樣的影響』，如果我們能促成人們改變，我們相信那對公共健康會有很大的益處。」

波伊爾又說，即使有嚴重健康問題或失能的人，「有人生目標也能讓我們看看自己內心，然後說，我要怎麼活我的人生，我想達成什麼目標？」

＊＊＊

所以真正的挑戰是找出晚年可以支撐你的人生目標。拳擊有氧或許不是理想的選擇，不過繪畫、政治活動，和家人相處，或是把你的技藝傳給下一代，在任何年齡都可以是活下去的理由。當律師、餵飽飢餓的人、教鋼琴、騷擾你選區的議員、講述你的故事，都可以是你人生的目標——不只是嗜好，更要是熱情所在。

對喬納斯來說，要有目標完全沒問題。他兩度逃出納粹勞動營時有目標，他在難民營愛上電影時也有目標，申請移居到以色列去幫忙建設那個新國家時，也有目標（但因為沒有名額給立陶宛籍的非猶太人，所以被拒絕了）。他來到紐約，早在自己的作品還沒出名時，就全心支持其他電影人的作品。半個世紀後，同樣的目標仍然驅策著他，而且由於時間所剩不多，所以更加迫切。然而若要解釋他如何找到他的目標，就像要解釋他為什麼呼吸一樣，那是自然而然。

有一次，他在前一晚看了美國女子足球隊贏得了女子世界盃，隔天在公寓裡仍舊沉浸其中。他說：「你心中有某種驅動你的東西。」他坐在一張桌前，桌子上有一疊舊書和一瓶聖沛黎各氣泡水，就像莉莉安・羅德里格斯表演前那樣。「那屬於你真實的本質、是真正的你。」他說。「那是一種需要。拿希臘人和繆斯來說好了。他們是怎麼解釋的？出生時或是之後，繆斯降臨於你，是音樂或某種藝術的繆斯，而你毫無選擇，那成為你的一部分，你非創作不可。」

我和喬納斯相處的那年中，他有個明確的目標：募款在經典電影資料館（Anthology Film Archives）蓋間圖書館和小餐館。那是他在一九七〇年和朋友一同創立的電影院兼資料館，至今仍然是紐約看前衛電影的首選戲院。他認為要讓機構持續營運下去，小餐館不可或缺。多年來，喬納斯時常捐獻給各機構或其他電影人，即使他自己破產時也不例外。喬納斯曾給予電影人史丹・布萊凱吉（Stan Brakhage）金錢和道德支持，而他曾這麼說喬納斯：「喬納斯口袋很深，而且全都為你敞開。」[48]

現在喬納斯正在尋求朋友的幫助。巴黎的約翰・凱爾（John Cale）承諾他會替經典電影資料館的一個拍賣會譜首新曲；紐約的前衛導演馬修・巴尼（Matthew

Barney）承諾捐出喬納斯的素描。每隔幾個月，喬納斯就會收到一封振奮人心的電子郵件，告知某位藝術家要貢獻自己的作品。

他時常說有天使保護他，甚至宣稱自己有照片可以證明天使存在。他說，天使讓他在離鄉背景的歲月中活了下來，讓他在毫無收入的時候付得了他在紐約的房租。那是他人生目標的另一面——讓他有理由別把自己逼太緊，或擔心有沒有進展。天使在真正艱難的時刻看顧了他，有天使看顧，所以他可以冒著失敗或挨餓的風險。「我們有些未竟之事，所以天使會保護我們。」他說。「既然我不知道天使為什麼救了我們、要我們做什麼，我就不去想我該做什麼，去做就是了，然後希望我的命運就是這樣。如果我遇到任何問題，我會說，好吧，我暫時把這問題放著，讓時間來解決。我不會執著於任何困難的事。放了一段時日之後，通常船到橋頭自然直。我會說，好吧，我沒辦法處理，所以天使啊，現在是你們的工作了。你們處理一下，我先做別的事。然後祂們通常會處理。真要問我，我的建議是：信任。一定要信任你的天使。」

他又說：「等事情發生，我再開始擔心。事情還沒發生，何必擔心呢？話說回來，發生之後，又何必擔心？去處理就是了。浪費時間擔心，你擔心的卻可能永遠不會發生。事情發生之後，我會處理，但不要浪費時間。沒有任何事是毫無希望的。毫無希望——若要我說是什麼意思，我還不知道呢。」

他提出他為設計師阿涅斯．B（Agnes B）寫的一則座右銘：「繼續跳舞、繼續唱歌。喝杯好酒，別太嚴肅。」

別擔心，繼續唱歌、跳舞。這些是喬納斯教我們的第二課，這對大部分的人已經很足夠了。他主要的啟示是人生必須一直有目標。當然首先要找到目標——就從現在開始。

＊＊＊

一個早春的星期六下午，我在格林威治村的爵士樂俱樂部鋅酒吧找到喬納斯，他坐在一群立陶宛來的聲樂學生之間。他在那裡朗讀自己未發表的短篇故事〈機械式打字機安魂曲〉（Requiem for a Manual Typewriter），寫的是決定該寫什麼的惱人過程。那群學生十七、八歲，由一位六十五歲的流亡者拉明塔．朗普薩迪斯（Raminta Lampsatis）陪同。蘇聯解體之前，朗普薩迪斯一直住在芝加哥，現在在德國任教。對她這一代的僑民而言，讀喬納斯寫立陶宛的詩作就像圍著營火聚會，年輕的難民可以從其中感到受放逐的痛苦，以及母語的精神慰藉。但朗普薩迪斯說，對她的學生而言，喬納斯是前所未見的人物。她說：「他就像他們的文化。他是跨越三、四代的人物。」

那張桌子旁除了那群學生，還有兩位七十多歲的紐約作家琳恩．提爾曼（Lynne Tillman）和艾美．陶賓（Amy Taubin），她們的事業初始都曾受過喬納斯的幫助——一如既往，這些人年紀和背景各異，而喬納斯總是中心人物，比所有人都老了一代以上。喬納斯在喝啤酒，顯然很享受有他們為伴。那些學生和立陶宛的傳奇人物坐在一起，似乎受寵若驚。十七歲的巴納德斯．嘉巴邵斯卡斯是男中音，他說他朋友之前問他是否計畫在紐約和喬納斯見面。他說，對他們這一代而言，喬納斯的電影創作於將近半世紀前，是 Instagram 或 Facebook 的前身。他說，這才不是跟老人坐在一起，「喬納斯．梅卡斯是未來。」

喬納斯上臺的時候手在抖，但他朗讀的聲音揶揄而自信，令全場安靜下來。他唸道：「我決定寫一部和任何事都完全無關的小說。」找一卷印表紙、決定在上面寫點東西的故事就此展開。這個短篇故事和喬納斯大部分的作品一樣，採用日記的形式，帶著驚奇的口吻。他唸道：「你想過人生有多神奇、神奇得不可思議嗎？」語畢全場大笑。

我和老老年人相處一年的心得，或許可以濃縮成一句話：要排除那些衝擊我們生活的噪音、恐懼和欲望，就去想想人生有多神奇、神奇得不可思議。我辦得到嗎？這一年開始之前，我的答案應該是否定的，我覺得噪音、恐懼和欲望就是生命本身。但隨著這一年過去，我發現自己的注意力轉移到噪音之下的沉靜——注意到此刻有多不可思議，每個片刻是如何包含著可能一閃即逝的禮物。或許像老人一樣思考，就是這個意思。我得未雨綢繆，所以無法完全活在當下，但真要說我學到了什麼，就是要抱著時間有限的態度去活，當下因此變得更加美妙。

每一位長者都以某種形式達成這種和解，這也是不得不然——不論他們願不願意改變，生命中的改變都不斷發生。那他們想過生命有多神奇、神奇得不可思議嗎？我想，每位長者都有吧。即使他們的世界愈來愈小，他們並沒有喪失感受驚奇的能力，小小的樂事不再那麼微不足道。你也能選擇這麼做。王萍在麻將的陪伴中發現這個真相；弗瑞德覺得光是每天早上醒來就值得感恩；海倫有辦法既被人需要、也表達需求；約翰面臨死亡，仍然找到美妙的音樂；露絲學會信賴她的天使，而天使在這裡是指她的孩子。

那一年裡，我問過他們所有人，他們會不會想到死亡，想到死亡會不會害怕。第二個問題只有弗瑞德・瓊斯說會。長壽令他們恐懼，而死亡是長壽的解藥。他們晚年的智慧，有一部分是接納死亡與老化是生命的一部分。只有年輕人才覺得自己沒在步向死亡，或覺得其他人才會老去。

鋅酒吧裡，喬納斯的〈機械式打字機安魂曲〉末尾，他的人物發現小說家威廉・布洛斯（William Burroughs）過世了。喬納斯唸道：「所以他也不在了。」之後，我問他是不是想到自己的死亡，他說問死亡就錯了，問題在生命。他說：「時候到了，我的結局就會到來，但我從來不去想那種事。人難逃一死。」他身邊處處可見人們脫離他們被賜予的生活。「我成長的過程中沒有收音機、沒有電、沒有電視、沒音樂也沒照片。我十四歲才第一次看電影。人可以活到兩百歲，但我看到一些年輕人才二十歲，似乎對人生已經厭煩了，有些甚至無法忍受人生。那可不得了。」

神經學家奧利佛．薩克斯（Oliver Sacks）發現自己肝癌末期時寫道，死亡將至，使他突然看清楚了，開始對任何非必要的事情毫無耐性。[49]他寫道：「我不能假裝我不害怕，但我最明顯的感覺是感激。我愛過，也被愛過；我得到太多恩惠，也回報了一些；我閱讀、旅行、思考、寫作。我和這世界有交流，是作者和讀者的特殊交流。最重要的是，我有感覺，我在這美麗的星球上是有思想的動物，這件事本身就是無上的特權和冒險。」薩克斯在七個月後過世。

如果少了癌症末期的恩賜來提醒我們，人生是我們不勞而獲的偉大禮物，那麼我們該怎麼一輩子活在這種亢奮的狀態中呢？我們該怎麼訓練我們的頭腦，徜徉在特權與冒險中？和長者相處的那一年裡，我反覆思考這個問題。我們真的必須等到我們的腫瘤科醫師宣判之後，才盡情地去活嗎？看來沒那麼複雜。不過理當最簡單的事（像即將死去一樣活著），我們卻時常最頑強地逃避。

那年將近尾聲的時候，我問喬納斯，他經歷了蘇維埃占領立陶宛，被納粹監禁之後，是否還是樂觀主義者。他幾度試圖回答，最後放棄了，隔天寄來一封電子郵件。他寫道：「我覺得呢，我是把『蝴蝶效應』理論應用在每天的生活中。這有點像道德宣言、道德責任，去記住自己這一秒做的任何事都會影響下一秒。所以我盡可能不做任何負面的事，那樣才能盡可能保證下一秒這世界可能更美好，或至少不會更糟。不過當然了，我的正向行為可能被其他人的上百個負面行為抵消，所以或許沒有任何意義。但我仍然得遵循那個宣言。這或許可以稱之為樂觀吧。」

我們再度聊起快樂，以及快樂對他有什麼意義。年長者比較快樂嗎？他一部分的人生在經歷的當下艱辛而令人沮喪；他九十多歲時的燦爛回憶看在二、三十歲的他眼中，應該很誇張。和他相處一年之後，我比較明白他並不是即使年紀大仍然快樂，反而是正因年紀大才快樂，因為這下子他可以在人生幾乎完滿的狀態下回顧他的一生，享受他人生賦予他的一切，而不是揣測他未來可能得到什麼。對喬納斯來說，更長的歲月等於他過去做對的事更多，更多對的電影、更多對的書、更多對的友誼，更多對的想法，更多脈絡可以套用在他現在經歷的新事物上。他說，年長者當然比較快樂。「快樂是看到你從前做的所有事都有成效，有好結果，我的孩子要長大了，擁有自己的美好人生。我發覺，不論我從前做過什麼、現在在做什麼，都沒什麼好不開心的，我覺得不論我現在或過去做了什麼，都是正確的事，而我覺得很好。我沒有強求。我一直都有注意天使的話，我很快樂。」

我記得那年開始沒多久，我們共度一個午後，在電影資料館附近的一間俄羅斯餐館吃鯡魚和水煮馬鈴薯。那地方叫總之小館（Anyway Café），喬納斯開玩笑說總之他什麼都好。「我昨天去做年度健康檢查，我的醫生告訴我，你應該是那種可以活到一百二十歲的人。我說，真的嗎？他說，以目前的科技，加上發明日新月異，你一定活得到那年紀，其他一些人也行。我說，多謝你喔。我說是那麼說，不過活到一百二十歲也很平常。人們問我，我的祕訣是什麼，但哪有什麼祕訣。其實是其他人啊，也就是在我這年紀身體不如我的人，他們的生活不正常。他們吃太多、喝太多，什麼都太過。我做的都是必要的事、正常的事。我是常例。我遇到的其他人才不正常。」

一角午後陽光灑進洞穴般的餐廳，把喬納斯照得像荷蘭油畫一樣熠熠生輝，這時活到一百二十歲似乎不比喬納斯生命中的其他常態更驚人。有何不可呢？那年結束時，他幾乎和年初沒什麼不同，幾本書籍手稿等著他處理，還有幾十年前他覺得糟糕的幾箱老影片鏡頭，現在也許可以剪輯成一兩支電影了。歲月總是有辦法讓失望變成新發現。喬納斯說：「隨著時間流逝，有些變得非常稀罕，像你找到的十九世紀老照片——不管是不是藝術都不重要。就像我們在博物館裡的二世紀或四世紀藝術——因為留存了下來，所以我們放進博物館。」

＊＊＊

說來開心，六位長者都活過了那一年，我母親雖然在那年底心臟病輕微發作，但也活了下來。一月將近時，我們的一年即將結束，我開始感到分離焦慮。他們扶持我度過一段困難的時光，引導我來到那之後更甜美的日子。那一年在他們身上留下痕跡——約翰脆弱得令人揪心，王萍失憶的情況更頻繁，而弗瑞德穿那件紫西裝的機會似乎不多了，他依然還沒上教堂，但他喜歡想像自己威風地穿著一身紫，而他更高興有個近乎素不相識的人好心讓他美夢成真——這樣的人生不是人人都會心懷感激，但這又是兩個值得感激的理由，他仍然想活到一百一十歲。

所以他們都一樣——那年結束時，他們的喜悅、痛苦和開始時沒什麼不同，只是故事繼續向前推進。這一年即將結束，他們都覺得那一年過得很值得，即使他們沒跑馬拉松或高空跳傘。露絲看到她孫兒更接近成年；海倫和霍伊又共度了一年；約翰和他來自火島的朋友歡度另一個感恩節。弗瑞德交了新朋友，而且還是覺得自己很時髦；王萍很滿意自己有本事又好運，幾乎身無分文地過著富足的生活。喬納斯什麼都做了。他們都享受和親戚共度的時光，也都抱怨吃得很差——真要說紐約有什麼特權，就是這個吧。

這些和長者這一年受的打擊比起來，似乎微不足道，自我感覺良好的想法，實則是賠本的生意。伊澤克爾．艾曼紐的那篇散文寫到自己特別擔心「我們的野心和期待受到縮限」，曾經充實的「生命最後幾乎只剩窩著看書或聽有聲書錄音帶、玩填字遊戲」，所以決定七十五歲之後不要延長生命。我們僅能期待小小的喜悅，不表示那些喜悅值得我們留下，尤其是連早晨下床都會痛苦的時候。

不過另一種觀點（引用拉斯．托斯坦超越老化的概念），是視之為高度成熟的思想的產物。我們得花上七、八十，甚至九十年，才學會另一次日出或壞脾氣的孫子探訪有什麼價值——才懂得欣賞人生有多神奇、神奇得不可思議。這些事看似微不足道，是因為我們活得不夠長，還不明白其中的價值，或未曾經歷夠多的失落，因此不知道失落其實大多可以克服。單純的恩賜可能和比較精美的恩賜一樣可貴，而且沒人規定在社區教室日光燈下每日的麻將牌局，不如在蒙地卡羅（Monte Carlo）度假勝地玩賭注高昂的百家樂紙牌那麼令人滿足。詹姆斯．喬伊斯的《尤里西斯》（*Ulysses*）講的是單調城鎮裡的一日；《戰爭與和平》（*War and Peace*）跨越一個世代，沉浸在激情與盛事之中，但沒人說哪個王國比較豐富，他們只是用不同的方式來觀看這個世界。不論用的是望遠鏡還是顯微鏡，觀看者總是如痴如醉。

弗瑞德．瓊斯確實該為他新的一天心懷感激嗎，或者他不過是個受騙的老頭，太容易妥協所以才那麼想？我母親和約翰．索倫森想要從他們的人生解脫，這樣應該嗎，或者他們只是太固執，不懂得欣賞自己享有的優勢？我造訪約翰的時候時常提醒他，他的看護史考特隔天要來了，或是馬可斯或艾力克斯，或他的外甥女安，他不想為了那樣繼續活著嗎？他當然想——他只是不想在那之後還得年復一年度過。即使他後來病得很重，他的答案仍然如故。喬伊斯的一日是可知的數目，也是一個恩賜；俄國文豪托爾斯泰的時代是廣大無知的黑暗；即使約翰一心想死，但只要時間有限，他就能享受食物、音樂或好友的奇蹟。死亡並非和這些奇蹟對立，而是密不可分。我們的任何喜悅都不可能永無止境。

長者給我的禮物很簡單——他們提醒了我，時間既有限，又不可思議，每一天都像《尤里西斯》裡的日子一樣單調而平凡。任何轉折都可能導致不可思議的滿足，或是害你被送進急診室，我們的挑戰是想出在轉折來臨之前要怎麼活。所以我們時常用我們如何運用一天來評價那一天（治癒了癌症，或在邁阿密衝浪，或是去見孩子的數學老師），卻忽略了真正的奇蹟，也就是另一天的到來。日子並不在乎我們能不能享受，但要是錯過了，日子也不會回頭。

這六、七位長者是不完美的老師，而我是不完美的學生，但有些時候我會體悟到智慧。這些時候，我睡得安穩，會幫助陌生人；打電話給朋友，或跟伴侶說我愛她；寫作時滿心喜悅而不是痛苦掙扎。食物嘗起來比較美味。感恩、目標、夥伴情誼、愛、家人、有用處、藝術、喜悅——這些我都唾手可得，只要我願意接納。那些時候，我比較和善、比較有耐心、有生產力、沒那麼焦慮，可能比較接近我理想中的模樣。也許就連我的天使也在幫助我。我的任何疼痛或恐懼仍然存在，卻是我拿來配樂的伴奏樂器，而不是音樂本身。酒也有幫助。給我來杯琴酒吧！

***

《我無處可去》（*I Had Nowhere to Go*，暫譯）是喬納斯漂泊歲月的回憶錄，他在其中描述他和其他一千三百四十一個難民一起站在美國海軍豪斯將軍號（USS General R. L. Howze）的甲板，看著紐約市的燈火出現在眼前。西邊是太平洋斷崖，和斷崖遊樂場（Palisades Amusment Park）摩天輪的耀眼霓虹燈，更後面是喬治華盛頓大橋（George Washington Bridge）閃爍的吊索。時間是一九四九年十月二十九日的晚上十點左右，德國投降、二次世界大戰結束已經四年半了，甲板上的人超過四年半沒有國家，有些可能會永遠覺得自己是失根的浮萍。在海上度過十二天之後，他們又溼又冷，暈著船，任大海和面前的新世界擺佈。喬納斯寫到那段旅程：「我陷入一種原始的恐懼。」[50]他們對紐約一無所知，對一些人而言，未來是悲慘和無以言喻的寂寞，許多人對未來漠不關心，少數人覺得未來是實現（不論定義是什麼）。有些人傷心欲絕，永遠無法復原。其中一人會成為我們所知的喬納斯・梅卡斯。他在那趟旅程中學到的一件事是，你其實永遠無法到達目的地，永遠會流離失所無法安定下來，永遠會渴求你離開的過去，以及你覺得即將降臨的未來，但這都是錯覺。他在一九五五年日期不詳的一則日記中寫道：「我們來這裡其實接續了早期移民的古老傳統——不是為了更美好的生活，而是因為流亡、遭到放逐，因為我們必死無疑，只能逃來這裡。

「不，我們不是為了更美好的生活而來西方！也不是來這裡尋求冒險。我們選擇西方、選擇美國，這是出於直接而野蠻的單純求生本能。」[51]

我覺得這是面對老年（或任何年紀）的一種方式——視之為未知、未經揀擇的風景，充滿不確定性，但好過另一個可能。我們全都在那艘寒冷的運輸船上，有時顫抖、暈船，遠離從前慰藉我們的火爐邊，因失去而改變，對未來滿心焦慮。我們面前閃爍的明亮燈火則是成長的機會或衰退的可能。我們和難民一樣，有理由害怕——伺伏的苦難宛如這片大地一樣遼闊。但我們靠著某些能耐，傷痕累累但充滿韌性地搭上那艘船。不久之後的某一天，即使有韌性也沒用了。髖骨骨折、心臟衰竭、記憶模糊，伴侶早一步退場。

你現在和未來談好協議，一路上重新協商。這一生值得活嗎？值得活多久？而未來的那一分鐘呢，或是那一天、那個月呢——值得活嗎？你能繼續跳舞、唱歌、好好喝一杯，別太嚴肅嗎？和朋友打麻將，屏氣凝神地聽桑德拉．拉德娃諾夫絲基或強納斯．考夫曼，破戒吃點冰淇淋呢？當然可以。人生終究難逃一死，不過那是到時候的事。我和老老年人相處一年學到的一課是，在死之前的歲月和你想像的不同。

＊＊＊

當然我可能完全錯了，那樣的話，我不過是比較快樂地活過這些年，到頭來一場空。那樣也行。

後記

「我這年紀的人大部分都已經死了。不信你可以查一查。」
——洋基隊名教練凱西・史丹格（Casey Stengel），72 歲。

我遇見本書裡的六個人之前，即使曾經想像過自己的老年，對老年的想像也和我目前的生活差不多，只是少了所有正面的事——視力、行動力、性、獨立、目標、自尊，取而代之的是經常的背痛，家裡有股怪味，也許我會沒錢可用，或是罹患失智症。二〇〇八年，我參與俄亥俄州哥倫布市（Columbus）的一個終極老化（Xtreme Aging）體驗活動，這活動是為了幫助醫護人員了解老了是什麼情況。我們戴上眼鏡使我們視覺失真，戴上乳膠手套，指關節貼上創傷貼布，削弱我們精細動作的能力，並在耳朵和鼻子裡塞進棉花，在鞋子裡塞進玉米粒，模擬脂肪組織流失造成的疼痛。小組長告訴我們：「說真的，你們好可愛。」然後她要我們做些簡單的事。她說，在超市排隊結帳時數錢，試試扣上襯衫鈕釦，或使用手機。這種老年的模樣嚇到了我，令我沮喪。至今仍然常常這樣。

二〇一六年的新年為長者帶來新一輪的挑戰。弗瑞德．瓊斯二〇一五年底切除了兩根腳趾之後，幾乎足不出戶，而且一、二月天氣冷，日照短暫，他也沒有動力出門。他女兒的乳癌正在使出致命的最後一擊，而弗瑞德在家的生活愈來愈危險。一天，他在公寓裡把送餐到家服務的一份晚餐放上爐子加熱，然後躺下來休息一分鐘。他說：「幸虧有煙霧感測器，真是謝天謝地。」那不是他第一次發生類似的意外。

二〇一六年三月，弗瑞德八十九歲生日前幾星期，他夢見自己在一間沒屋頂的建築裡，東西從上空朝他落下——一次他說是枝狀吊燈，一次說是瓜果和其他水果。那個夢嚇到了他，他跌下床，爬不起來。他第一次跟我說那個夢時，夢中東西憑空掉到他身上的影像似乎令他心驚膽跳，但之後他說他覺得那代表上帝即將賜予他的祝福。

弗瑞德就是這樣。不到一個月，他女兒就過世了，女兒還沒下葬，弗瑞德就心臟病發去世。他孫女丹妮爾．瓊斯說：「社工人員說他是心碎而死。說的沒錯。」吉米．

希利替弗瑞德買了那件紫西裝，在最後那年和弗瑞德成為朋友，他說：「應該說他是死於沒冷氣的四樓無電梯公寓。」他說的也沒錯。六位長者之中，弗瑞德最年輕，卻最早走。我和弗瑞德計畫去紅龍蝦餐廳，卻一直沒去。但如果有來世，我們在那裡見面了，我會請他吃蝦。我知道我們見面時他會滿臉微笑。我也會報以微笑。

二〇一六年三月，我最後一次去約翰．索倫森的公寓拜訪他。安說他年初開始摔了幾次，但約翰完全不記得摔倒的事。他看起來很虛弱，但照樣樂於聊天，只是比之前更健忘了。我們聊天的過程中，他四度問我有沒有看過《七對佳偶》。他每次都說，那部片真的很好看。

「我想以老人來說，我的狀況很好。」他這話出乎我意料。「我在這裡很滿足。我電視弄不好，但這裡有華特在。」

他說起他母親放棄她在紐約上州的房子，搬去加州，她有些親戚住在那裡。那間房子在美國獨立戰爭時期是間旅舍，他母親很老了，無力打理。

「我只能說，她下飛機時完全變了一個人。」約翰說。「誰也看不出那是她。那天我母親就死了。剩下的不是我母親。她完全沒了個性。我也有同樣的感覺。我不能離開這間房子，因為華特在這裡。不，他其實不在，我也不相信來世，但是好多東西會讓我想起他。」

安時常說，要約翰搬出這間公寓會要了他的命，但他愈來愈虛弱時，她成功說服他替他申請全天看護（他之前一直不答應）。她的目標是在為時太晚之前讓他申請到醫療補助保險計畫。「我今天心情不大好，但也不是真的很差。」他說。「我覺得很沒用。我覺得自己是該被丟掉的廢物。即使想做什麼也做不了。我大概還是可以出門，但我不想，太陽曬了難受。我沒什麼事好做了，什麼也做不了。」

二〇一六年五月，約翰在家中倒下，安說他大概在地板上躺了兩天，鄰居才聽到他呼救。從我遇見約翰的那天起，他就說他想死，這下子他似乎真的不久人世。約翰最後幾星期先是待在一間醫院裡，然後是一間康復中心，去探病的朋友、看護和去他家幫忙的志工填滿了他的全部時間。一人為他唱他最愛的詠嘆調，有些人用手機放音樂給他聽。即使他想靠不吃東西來慢慢把自己餓死時，他也誠心感謝護士的所有好意。他對一位護士說：「我絕對不會好起來了。」然後讚美她的長睫毛：「但妳還是很美。」

約翰在最後的日子裡，回顧他在上州童年或他和華特在火島的美好回憶。他的職能治療師說他隔天會再來，約翰告訴他：「我很期待。」約翰在二〇一六年六月二十六日過世，走得從容。安打算把他和華特的骨灰都撒在火島，但因為時間排不攏，還得再等一年。

＊＊＊

二〇一七年夏天我在寫作本書時，其他四位長者和我母親仍在奮鬥，天天超越他們的平均餘命。

海倫．摩瑟斯和她親愛的大都會棒球隊一樣，度過起起伏伏的一年。

二〇一六年秋天，海倫向護理之家的員工和女兒抱怨胃痛。過了兩天，她開始吐血。「我怕了。我看到那麼紅，就知道我慘了。」

她在紐約長老會醫院（New York-Presbyterian Hospital）的加護病房待了將近兩星期，治療出血性潰瘍，以及潰瘍之外可能的血栓。

她說：「我以為我撐不過去了。我說：『要結束了。』我哭了一下下。不過反正我老是哭，所以他們也沒理我。」她又說：「我並不害怕。我不怕死。」

她回家時很虛弱，瘦了快十公斤，又回到和霍伊與女兒柔伊的三角關係中。她的危機讓兩人深受折磨。

海倫不在時，霍伊不能去醫院看她，很寂寞，幾乎食不下嚥。柔伊天天去加護病房看她，看到母親那麼脆弱，心都碎了。柔伊說，她甚至開始對霍伊好一點。十二月，柔伊在她母親的房間裡想起那段記憶，淚水盈眶。

柔伊說：「沒了她，我不知道該怎麼辦。她是我的開心果。事情變了，那對我是個打擊。」

海倫說：「我不會永遠都在。」

「媽，妳要害我哭了。是啊，我要哭了。」

「反正我不想永遠活下去。」海倫說。

「別害我哭。」柔伊說。「你當然會永遠活下去。少了妳，我該怎麼辦？」

海倫手術康復，嗓門也回來了。她說，九十二歲「和九十一歲沒兩樣。明年我們大概就結婚了」。她什麼都不怕，卻還是等到女兒離開房間，才提起結婚的事。寫作這本書時，大都會棒球隊還有他們自己的問題。

王萍一向在社會服務系統裡抽中好籤，但她的好運似乎用完了。二〇一六年夏天和秋天，她接連輕微摔跤送醫，然後到一間護理之家去做復健治療。

王萍的公寓一直是她的安樂窩，王萍舒服安全地住在那裡，做些運動，每天打麻將還給她頻繁的腦力刺激。她可以吃她愛的食物，還有天天能見面的朋友。像這樣的例行活動時常會掩蓋認知退化的狀況。離開這個安樂窩之後，她的失智症惡化了，也可能只是變得比較明顯，所以她女兒判斷她自己住不再安全了。

王萍二〇一六年底的第一站是曼哈頓上東區的一間護理之家，那裡幾乎沒有住戶講廣東話，也沒人打麻將。社交活動曾帶給她活力，這下她卻幾乎都是一個人，甚至沒她的植物可忙。我拜訪她的時候，她一反常態顯得消極而認命，而且不大確定自己在哪裡。她舊公寓的朋友無法處理來訪時的語言和交通障礙。王萍說起她的處境：「老了以後，就是變變變，太多改變了，老人家很辛苦。」

十二月，女兒讓王萍搬到紐澤西州南部她家附近的一間護理之家，那裡有一區住了三十四名中國住戶。王萍入住一星期之後，我發現她在離開舊公寓之後首次打了麻將。和以往不大一樣（四家講的方言都不同，而紐澤西幫的規則和她習慣的不大一樣），但她變得比較機靈、有反應，打牌和之後的聊天都很投入。她說她知道自己會失憶，但不大煩惱。她說：「我從浴室出來，走到臥室，就忘了我要什麼，只好又回去。不過這不大常發生。」

我問王萍她還能不能讓自己開心。

她思考我的問題，說：「現在很難說。我還沒交上好朋友。我愈來愈老了。換環境不大好，必須適應新環境，並不容易。」

五個月後，王萍九十二歲生日時，她的進展仍然有好有壞。她到護理之家不久就摔倒，員工覺得讓她自己走不安全，所以她現在只能坐輪椅，而她人工關節附近的肌肉沾黏很痛。她的失智症對她的影響也不小。一天，她要她女兒快逃出房子，以免日本士兵殺了她，她以為自己活在二次世界大戰香港遭占領的時期。

但那些退化在慶祝生日時都不明顯。她和一些親戚分享色彩繽紛的中國城生日蛋糕，說她現在很滿意在那裡的生活。她無法照顧她的植物（她說她太忙了），但至少身邊有其他說廣東話的人。她說她想活到一百歲，但說完似乎又改變主意。「我醫生有一次檢查過我之後，說我的心臟很強壯，『妳可以活更長』。我說我不想活更長。活更長，會很辛苦。」

露絲．威利格特地為我準備了另一課。二〇一六年秋天，露絲的女兒茱蒂告訴我，我上次和露絲見面之後，她的情況大不如前。但我拜訪露絲時，她似乎和以往一樣有本事又自立。她的手抖得比之前嚴重，但她正期待她的第一個曾孫出生，她打算替寶寶織條毯子。她說：「茱蒂總是誇大。她太擔心我了，真的。其實用不著那樣。我真的沒事，我是有點消沉，但是也有順心的時候。」大約同個時期，有一次我去看我母親的時候，我聽她一個朋友對她的描述，和我認識的她完全不同——無憂無慮、外向、心情總是很好。那個朋友溫和地責備我，說我低估了我母親，又說這其實是來探望的親戚很典型的表現，我們不明白我們的長者活過多圓滿的人生。同樣的，海倫的女兒柔伊在電話裡描述了海倫罹患潰瘍走過鬼門關的事，但沒說她在那之後恢復的情形。

這三位女性看待她們人生的方式，和她們子女看待她們的方式不同，我們該怎麼看待其中的差異呢？年長者過的人生比我們看到的更完滿、更有意義。我們著眼於一天天的改變，而這些改變幾乎註定每況愈下，但他們更像是活在連續的狀態裡。你或許覺得這種差別很蠢，老年仍然是我們中年人自認無所不知的一回事。這三位女性說的是，我們並非無所不知——仔細看看，她們的人生和我們眼中的非常不同。我發現，即使我和長者相處一年，我仍然是透過我對老年先入為主的觀念來看我母親的生命，而她實際在過的生活卻是另一回事。

我和露絲見面時，她說：「我一直在想這一年有什麼事要告訴你的。我覺得自己又老了一歲嗎？我九十三歲，而我也告訴大家我九十三歲了。我有點以自己為榮。因為我還能獨立。」她站起身會痛，但她還是走過房間，拿了一碗巧克力。「拿幾顆吧。」她說完坐回去。「我討厭從椅子上爬起來。」

她說：「我剛九十歲時，有一陣子很興奮。我心想，好啦，該走啦。但這會兒我再也不確定了。我不像很多人那樣想努力活到一百歲。剩下的都是多活的。」

三名男性長者之中，喬納斯．梅卡斯隔年活得格外瀟灑、有意義。打從我們相遇那時，他就一心想籌備一個慈善藝術拍賣會，讓經典電影資料館繼續營運。現在網路上可以看那麼多老電影，因此很難讓人想踏進戲院看戲。喬納斯的計畫是在戲院中蓋一間小餐館，支付資料館其他活動的經費。他只需要六百萬美元就行了。二〇一五年初，他說很可能要花一年來籌備拍賣會。

二〇一七年三月二日，包括導演約翰．華特斯（John Waters）、吉米．賈木許（Jim Jarmusch）、演員葛莉塔．潔薇（Greta Gerwig）、史蒂夫．布希密（Steve Buscemi）、和柔夏．瑪美德（Zosia Mamet）在內的一群人現身，他們出價競標作品，創作者有藝術家里察．賽拉（Richard Serra）、攝影藝術家辛蒂．雪曼（Cindy Sherman）、馬修．巴尼、藝術家查克．克洛斯（Chuck Close）、克里斯多（Christo）、艾未未和喬納斯的其他支持者。服裝設計師札克．珀森（Zac Posen）買下前衛藝術家蘿莉．安德森（Laurie Anderson）承諾要寫的一首歌。蘿莉事後說：「不曉得他會要我寫什麼。」創作歌手派蒂．史密斯（Patti Smith）和R．E．M．樂團的麥克．史戴普（Michael Stipe）同臺，把她熱門金曲的最後一句歌詞改成「因為那晚屬於喬納斯」，搏得了滿堂彩。拍賣募得超過兩百萬美元，另有兩百萬美元的捐贈承諾。

喬納斯繼續飛快工作，為了他的著作和展覽而編輯他的資料。總統大選之後，他不像他認識的許多人一樣陷入沮喪。他說，他活過了史達林入侵立陶宛和希特勒的奴隸勞改營，他也會撐過唐諾・川普（Donald Trump）的任期。他說：「我想我是樂觀主義者吧，因為我用比較長的時間觀來看所有事。所以，沒錯，我所有朋友都因為川普當選而驚慌的時候，我卻覺得那是進兩步、退一步的過程，事情總是這樣——據我們所知從孔子以來的所有智者，都認為人類就是那樣運作的。後退那步可能令人難以接受，但那很正常。事情會回歸正軌。人類的發展永遠無法阻扼。」

二〇一七年四月，喬納斯計畫去雅典，在難民營展示他一生的照片，那時他回覆了一家英國出版商的電子郵件訪談。採訪人問：「你對想當電影人的人，有什麼建議？」喬納斯的反應充滿他的個人風格：「弄臺攝影機！」④

＊＊＊

我的朋友羅勃特・摩斯（Robert Moss）八十多歲了，還在東岸執導戲劇，他跟我說他有一次去看心臟科醫生，那位醫生是個滑稽的傢伙，有種超級一本正經的幽默。檢查後，醫生告訴他：「我有個壞消息要告訴你，你會活到一百歲。」羅勃特被弄糊塗了，問道：「那算壞消息嗎？」醫生眼神銳利地盯著他說：「那算好消息嗎？」

人人都是一本漫畫書。

一九七一年，羅勃特在時報廣場的基督教青年會（YMCA）成立了一家戲劇公司，做得有聲有色。多年後，有人問到他如何達成這些成就，他說：「我從來不去未雨綢繆。」和長者相處的日子裡，我發覺我時常想起他的話。那番話不表示羅勃特遇過的困境比別人少——他不帶雨傘，所以淋的雨恐怕比較多。但他不會因為尚未發生的事而驚慌，而且他免不了因此學到，即使下雨了，他還是能成就不少事情。

年長者在在證明了，即使狂風暴雨，還是可以擁有充實圓滿的人生，所以何必擔心氣象預報裡的烏雲呢？盡情去活，演齣好戲，把握良機，為成功心懷感激，也為失敗心懷感激——成功與失敗其實是一體兩面。如果人類愈來愈長命，我們或許有義務愈活愈好——更睿智、更仁慈、更感恩、更寬容，別那麼記仇、貪求。人人的人生都能因此更美好，尤其是以此為圭臬的人。我覺得啊，即使我們努力未果也一樣。傑克・凱魯亞克（Jack Kerouac）的《在路上》（*On the Road*）書中角色迪恩・莫里亞

④喬納斯・梅卡斯於二〇一九年一月二十四日於紐約家中安詳辭世，享壽九十六歲。他被譽為美國的實驗電影之父。

蒂（Dean Moriarty）說得好：「知道嗎，麻煩啊，是有上帝存在的概括說法。重點是別焦慮。」

總統大選的醜態測試了我把這本書的智慧吸收得多徹底。不論你的政治觀如何，選戰期間和事後赤裸裸的敵意愈演愈烈，實在令人擔心。我真的能感謝自己被扯入那樣的混亂中，能讓自己開心起來，能避開無謂的衝突，接受自己的道德觀，有目標地活著，培育詩詞和聖人嗎？大選日隔天早上醒來，我還快樂嗎？我寫下這些字的時候，要說我克服了這些問題，還嫌太早。我人生中太多時候不只把玻璃杯看成半空，還覺得那個杯子太爛。我不敢說我已經對那些消沉和憤怒免疫了。

但我學到了一些事。我居然很能接受約翰．索倫森和弗瑞德的死訊（約翰一直想死，弗瑞德則頑強地想再活二十年）。他們倆我都很喜歡，也都很想念，但我不會希冀永恆的生命。一位朋友發生健康危機的時候，我不再像以前一樣，為了接下來可能發生的事而絕望，但我仍然堅決慶賀治療過程的所有正面跡象。這不是自滿，你還是必須奮力一搏。儘管去治療癌症、纏著你的醫生，表達立場、爭取正義，被人逮捕。但你不會永遠勝利。而快樂的意義是，即使失敗也能看到好的一面。

選後，我評估了讓我人生有意義的事物，發現不論有線電視新聞裡的人們喊得再大聲，那些事物都不會受影響。即使我丟了工作，或摔斷骨盆也一樣；即使我贏得樂透或是練成鋼鐵屁股，事情也不會好到哪去。政治當然有關係，金錢和健康也是。但這些都不是人生圓滿的關鍵。在你人生旅程的某個階段，這些事很可能會令你失望。生命中美好的事（快樂、目標、滿足、陪伴、美與愛）一直都存在，不需要去特別爭取。美食、朋友、藝術、溫暖、價值感——這些我們都一應俱全。我們只要選擇把這些當成人生重心就好。

這是最單純的一課，不過我至今仍在朝那個方向努力。簡單的事有時候並不簡單。多年來我一直認為人生的意義在於奮鬥，懷疑清閒是逃避。這下子我不確定了，我時常希望我能重活一次那些年。不過喬納斯說得對，如果想當電影人，就弄臺攝影機吧！驚嘆號出自他的手筆，不過那背後的喜悅和喜悅的真誠，我們所有人都能共享。

——二〇一七年六月，于紐約市

附注

第1章　千載難逢的驚喜

[1] Penelope Lively, *Dancing Fish and Ammonites: A Memoir* (New York: Viking Penguin, 2013), 1, 8.

[2] May Sarton, *As We Are Now* (New York: W. W. Norton, 1973), 23.

[3] Peter Uhlenberg and Jenny de Jong Gierveld, "Age-Segregation in Later Life: An Examination of Personal Networks," *Ageing & Society* 24 (2004): 5–28.

[4] Laura L. Carstensen, Bulent Turan, Susanne Scheibe, et al., "Emotional Experience Improves with Age: Evidence Based on Over 10 Years of Experience Sampling," *Psychology and Aging* 26, no. 1 (March 2011): 21–33.

[5] Henry Miller, *Sextet* (New York: New Directions, 2010), 5.

[6] All statistical breakdowns for people eighty-five and up come from the United States Census Bureau's 2009–2013 American Community Survey, with data analysis by Susan Weber-Stoger, senior research specialist and SAS programmer at Social Explorer and the CUNY

Center for Advanced Technology.

第2章：老年的矛盾

7 Laura L. Carstensen, *A Long Bright Future: Happiness, Health, and Financial Security in an Age of Increased Longevity* (New York: PublicAffairs, 2009), 6.

8 Ibid., 7.

9 Stephen S. Hall, *Wisdom: From Philosophy to Neuroscience* (New York: Vintage Books, 2011), 62.

10 Laura L. Carstensen, "Growing Old or Living Long: Take Your Pick," *Issues in Science and Technology* 23, no. 2 (Winter 2007).

第3章：為什麼愈老愈有智慧

11 Lars Tornstam, "Maturing into Gerotranscendence," *Journal of Transpersonal Psychology* 43, no. 2 (2011): 166–180.

12 Lucius Seneca, *Letters from a Stoic*, letter XII.

13 Rabbi Joshua L. Liebman, *Peace of Mind: Insights on Human Nature That Can Change Your Life* (New York: Carol Publishing, 1994), 106.

第4章‧‧愛在服用降膽固醇藥物時

14 Daniel Bates, "Gold-Digger, 27, Jailed for Fleecing Two Disabled Lonely Hearts Out of $110,000," *Daily Mail*, December 23, 2010.

15 Terry Eagleton, *The Meaning of Life: A Very Short Introduction* (Oxford: Oxford University Press, 2007), 168.

第5章　另一方面……

16 Linda J. Waite, Edward O. Laumann, Aniruddha Das, and L. Philip Schumm, "Sexuality: Measures of Partnerships, Practices, Attitudes, and Problems in the National Social Life, Health, and Aging Study," *Journals of Gerontology Series B: Psychological Sciences and Social Sciences* 64B, suppl. 1 (November 2009): i56–i66.

17 Chart online at www.nationalsexstudy.indiana.edu/graph.html.

18 Laura L. Carstensen, *A Long Bright Future: Happiness, Health, and Financial Security in an Age of Increased Longevity* (New York: PublicAffairs, 2009), 108.

19 Howard S. Friedman and Leslie R. Martin, *The Longevity Project: Surprising Discoveries for Health and Long Life from the Landmark Eight-Decade Study* (New York: Hudson Street

Press, 2011), 180.

第6章　長命百歲，活受罪？

20 Ernest M. Gruenberg, "The Failures of Success," *Milbank Memorial Fund Quarterly: Health and Society* 55, no. 1 (Winter 1977): 3–24.

21 Ezekiel J. Emanuel, "Why I Hope to Die at 75," *The Atlantic,* October 2014.

22 Bill Thomas, *Second Wind: Navigating the Passage to a Slower, Deeper, and More Connected Life* (New York: Simon & Schuster, 2014), 130.

23 James F. Fries, "The Compression of Morbidity," *Milbank Quarterly* 83, no. 4 (December 2005): 801–823.

24 Elkhonon Goldberg, *The Wisdom Paradox: How Your Mind Can Grow Stronger as Your Brain Grows Older* (New York: Pocket Books, 2007), 18.

第7章　弗瑞德教我們的事

25 Gilbert Keith Chesterton, *A Short History of England* (U.S.: Renaissance Classics, 2012), 43.

26 Quoted by Catholic G. K. Chesterton Society, www.catholicgkchestertonsociety.co.uk.

27 Glenn R. Fox, Jonas Kaplan, Hanna Damasio, and Antonio Damasio, "Neural Correlates of Gratitude," *Frontiers in Psychology* 6 (September 2015), article 1491.

28 Robert A.Emmons and Michael E. McCullough, "Counting Blessings Versus Burdens: An Experimental Investigation of Gratitude and Subjective Well-Being in Daily Life," *Journal of Personality and Social Psychology* 84 (2003): 377–389.

第8章　王萍教我們的事

29 Derek Kravitz, "Dispute Grows Tense Over Community Garden in Queens," *Wall Street Journal*, August 1, 2013.

30 Sarah Maslin Nir and Jiha Ham, "Korean Community Leaders Urge McDonald's Boycott," *New York Times*, January 16, 2014.

31 Christian González-Rivera, "The New Face of New York's Seniors," available at https:nycfuture.org/pdf/The-New-Face-of-New-Yorks-Seniors.pdf.

32 Karl Pillemer, *30 Lessons for Living: Tried and True Advice from the Wisest Americans* (New York: Plume, 2012), 163.

33 Joel Tsevat, Neal V. Dawson, Albert W. Wu, et al., "Health Values of Hospitalized Patients 80 Years or Older," *Journal of the American Medical Association* 279, no. 5 (February 4, 1998): 371–375.

34 Toby Williamson, "My Name Is Not Dementia: People with Dementia Discuss Quality of Life Indicators," published by the Alzheimer's Society (UK), 2010.

第9章　約翰教我們的事

35 Deepak Chopra, *The Essential Ageless Body, Timeless Mind: The Essence of the Quantum Alternative to Growing Old* (New York: Harmony Books, 2007), 11.

36 Mary Pipher, *Another Country: Navigating the Emotional Terrain of Our Elders* (New York: Riverhead Books, 1999), 15–16.

37 "Family Caregiving: The Facts," Centers for Disease Control fact sheet, available at www.cdc.gov/aging/caregiving/facts.htm.

38 Amalavoyal V. Chari, John Engberg, Kristin Ray, and Ateev Mehrotra, *Valuing the Care We Provide Our Elders*, (Santa Monica, CA: RAND Corporation, 2015), available at www.rand.org/pubs/research_briefs/RB9817.html.

39 Richard Schulz and Paula R. Sherwood, "Physical and Mental Health Effects of Family Caregiving," *American Journal of Nursing* 108, no. 9, supplement (September 2008): 23–27.

第10章　海倫教我們的事

40 Sidney D. Watson, "From Almshouses to Nursing Homes and Community Care: Lessons from Medicaid's History," *Georgia State University Law Review* 26, no. 3 (2009), article 13.

41 CMS Nursing Home Data Compendium, 2015, www.cms.gov/Medicare/Provider-Enrollment-and-Certification/CertificationandCompliance/Downloads/nursinghomedatacompendium_508-2015.pdf

第11章　露絲教我們的事

42 Wendy Lustbader, "The Dilemmas of Dependency," *Journal of Case Management* 4, no. 4: 132–35.

43 Wendy Lustbader, *Counting on Kindness: The Dilemmas of Dependency* (New York: Free Press, 1991), 26.

第12章　喬納斯教我們的事

44 Jonas Mekas, *I Had Nowhere to Go* (Newfane, VT: New Thistle Press, 1991), 1.

45 Jonas Mekas, *Idylls of Semeniskiai* (Annandale, NY: Hallelujah Editions, 2007), 2.

46 Robert N. Butler, *The Longevity Revolution: The Benefits and Challenges of Living a Long Life* (New York: PublicAffairs, 2008), 91.

47 Becca R. Levy, Martin D. Slade, Terrence E. Murphy, and Thomas M. Gill, "Association Between Positive Age Stereotypes and Recovery from Disability in Older Persons," *Journal of the American Medical Association* 308, no. 19 (November 21, 2012): 1972–1973.

48 Calvin Tompkins, "All Pockets Open," *The New Yorker*, January 6, 1973, 31–49.

49 Oliver Sacks, "My Own Life: Oliver Sacks on Learning He Has Terminal Cancer," *New York Times*, February 19, 2015.

50 Mekas, *I Had Nowhere to Go*, 288.

51 Ibid., 461.

致謝

這本書多少和感恩的意義有關，因此這一頁不只是義務存在的附錄，更是盛重的結尾。放煙火、撒紙花，酒吧開張啦！

我最感激的是六位長者和他們的家人，他們向我坦露他們的人生，總是慷慨、直率地接納我，即使在他們可能沒心情分享的日子也一樣。我要特別感謝茱蒂．威利格、柔伊．古索、安．科恩布盧姆、賽巴斯汀．梅卡斯和伊蓮．琴和我分享他們的親人和他們的智慧。

當然了，我對家母的感激之心無窮無盡，無以為報。為省篇幅，在此略過不述。

這本書的企畫多虧《紐約時報》（*The New York Times*）的幾位編輯才得以完成。我和艾咪．維夏普花了一年多的時間，反覆思考怎樣報導老年人最理想，最後才想出最簡單的辦法：選出一些人，看看他們怎麼生活，以他們的人生為故事。報紙專欄通常需要更尖銳的主題，多虧艾咪給我時間和空間追求那麼不設限的題材。誰知道那六位人士竟然那麼有趣？告訴你，艾咪就是知道。艾咪、珍・班佐和比爾・弗格森編輯了文章，協助我吸取這本書裡的智慧，而《紐約時報》都會版的編輯溫德爾・傑米森給我祝福和毫不動搖的支持。王牌攝影師妮可・班吉瓦諾由始至終都是我的夥伴，和我一樣對受訪者的人生充滿好奇。我們一人扮黑臉、一人扮白臉。

莎拉・克萊頓早在她成為精湛的編輯之前，就幫忙讓這本書成形。自從她一九九一年僱用我加入《新聞週刊》（*Newsweek*）以來，我一直很感激她的能幹、信任與友誼，我欠她的人情不斷累積、變得更甜美。保羅・布雷斯尼克是我的經紀人，從這本書只是一廂情願的想法到完工的手稿，一路扶助。

約翰・卡波亞、德魯・凱勒和卡倫・布朗寧都對本書手稿提供了寶貴的幫助。

老年的意義：我和那些老人共處的一年

Happiness Is a Choice You Make: Lessons from a Year Among the Oldest Old

作　　者	約翰・利蘭（John Leland）
譯　　者	周沛郁
封面設計	萬勝安
責任編輯	張海靜、鄭襄憶
行銷業務	王綬晨、邱紹溢、劉文雅
行銷企畫	黃羿潔
副總編輯	張海靜
總 編 輯	王思迅
發 行 人	蘇拾平
出　　版	如果出版
發　　行	大雁出版基地
地　　址	231030新北市新店區北新路三段207-3號5樓
電　　話	（02）8913-1005
傳　　真	（02）8913-1056
讀者傳真服務	（02）8913-1056
讀者服務信箱	andbooks@andbooks.com.tw
劃撥帳號	19983379
戶　　名	大雁文化事業股份有限公司
出版日期	2023年 8 月 再版
定　　價	420元
I S B N	978-626-7334-02-7

歡迎光臨大雁出版基地官網

www.andbooks.com.tw

訂閱電子報並填寫回函卡

國家圖書館出版品預行編目 (CIP) 資料

老年的意義 : 我和那些老人共處的一年 / 約翰.利蘭(John Leland)著 ; 周沛郁譯. -- 再版. -- 臺北市 : 如果出版 : 大雁出版基地發行, 2023.08
面； 公分
譯自 : Happiness is a choice you make : lessons from a year among the oldest old

ISBN 978-626-7334-02-7(平裝)

1.老年 2.老年心理學 3.生活指導

544.8　　112007774